Budget-
planung

BUDGET-
PLANUNG

Hochzeits-konzepte

HOCHZEITS-
KONZEPTE

Standes-amtliche Trauung

STANDES-
AMTLICHE
TRAUUNG

Trauung

TRAUUNG

Agenda

ACENDA

Papeterie

PAPETERIE

Dienst-leister

DIENST-
LEISTER

torte

TORTE

Floristik

Ringe

RINGE

Brautmode

BRAUT-
MODE

Traditionen

TRADI-
TIONEN

Tagesgestaltung

TAGES-
GESTALTUNG

DIY-Anleitungen

tipps & tricks

VIOLA DREYER

UNSERE TRAUM HOCHZEIT

DER UMFASSENDE BEGLEITER FÜR DEINE INDIVIDUELLE HOCHZEITSPLANUNG

Agentur Traumhochzeit

Weddingplaner aus Leidenschaft

Inhalt

Verliebt, verlobt und bald verheiratet

WIE GEHT ES JETZT WEITER MIT DER HOCHZEITSPLANUNG?

Ihr habt euch verlobt! Toll, dass ihr euch dazu entschieden habt, eure Hochzeit selber zu planen. Dann kann es jetzt losgehen! Doch wo fängt man am besten an und was ist alles zu bedenken?

Es gibt allerlei zu tun, zu basteln und zu entscheiden. Wir haben euch mit diesem Buch einen Leitfaden für die Planung eurer »Traumhochzeit« zusammengestellt. Außerdem erfahrt ihr, wie ihr mit Komplikationen oder versteckten Informationen umgehen könnt. Eure Hochzeit ist mit großer Wahrscheinlichkeit das umfangreichste und bedeutendste Planungsprojekt eures Lebens. Da ihr beide bestimmt berufstätig seid, ist Zeit ein rares Gut. Daher solltet ihr strukturiert vorgehen.

Wir stellen bei jeder neuen Planung immer wieder fest, wie wichtig eine gut organisierte Vorbereitung ist. Mit diesem Buch habt ihr für euch eine große Portion Sicherheit gekauft. So könnt ihr euch darauf verlassen, dass an eurem Hochzeitstag alle Zahnräder perfekt ineinandergreifen. Wir stellen euch mehrere Checklisten, Tipps, Infos und vieles mehr aus unserem Profi-Alltag zur Verfügung, damit eure Hochzeit reibungslos abläuft. So könnt ihr beide und alle Gäste »euren großen Tag« ohne Stress genießen.

Dürfen wir uns kurz vorstellen? Wir sind Viola Dreyer und Franziska Diegeler, das Team der Agentur Traumhochzeit Stuttgart.

Franziska Diegeler

Viola Dreyer

Wir planen seit 2015 Hochzeiten in und um Stuttgart sowie im gesamten europäischen Ausland. Wir haben also bereits viele Brautpaare auf dem Weg zur Traumhochzeit mit der Planung begleitet. Von der Auswahl der Location über die Erstellung eines individuellen Hochzeits-Konzepts bis zur Umsetzung und Koordination des Hochzeitstages als Zeremonienmeister. Aus unserer jahrelangen Erfahrung können wir euch viele »Geheimtipps« verraten und euch sagen, worauf ihr bei eurer Hochzeitsplanung besonders achtgeben solltet.

Bestimmt habt ihr schon mehrere, mit Liebe geplante Hochzeiten als Gäste besucht. Wir versichern euch, dass eure Hochzeit mithilfe dieses Buches unvergleichlich, außergewöhnlich und exklusiv sein wird.

Natürlich ist es möglich, dass nicht alle aufgeführten Punkte immer zu 100% zu euch passen. Ihr möchtet ja, dass eure Hochzeit ganz individuell auf euch zugeschnitten wird. Aus diesem Grund ist das Buch so aufgebaut, dass ihr einzelne Seiten herausnehmen und euren individuellen Hochzeitsordner zusammenstellen könnt. Deshalb fühlt euch frei, nur die Themen in euren Hochzeitsordner zu übernehmen, die ihr wirklich benötigt. Ihr solltet allerdings unbedingt darauf achten, dass ihr euch gerade bei der Reihenfolge der Planung so gut es geht an diesem Buch orientiert. Es erspart euch viel Geld und Nerven, denn wir arbeiten ständig daran, Planungsabläufe zu optimieren und zu verbessern. Zudem findet ihr auch noch einige Seiten für eigene Notizen, eine Lesezeichenseite und passende Registerseiten, damit ihr euch Seiten markieren und euren individuellen Hochzeitsordner perfekt strukturieren könnt.

Bei der perfekten Hochzeitsplanung geht es nicht ausschließlich um Recherche, Preisvergleiche oder darum, das perfekte Timing herauszufinden, sondern auch um Hintergrundwissen. Wir haben euch daher einzelne Planungs-Punkte mit einem Link versehen. Das bedeutet, dass es zu einem bestimmten Punkt beispielsweise ein passendes Pinterest Board oder eine Verlinkung zu einer speziell für euch entwickelten Onlineseite gibt. Von dieser könnt ihr euch viele Planungshilfen, wie Tabellen, Listen und vieles mehr, kostenlos herunterladen. Diese Hilfen liefern euch einen tieferen Einblick in die jeweilige Thematik.

Bitte speichert euch einmal diesen Link ab. Er führt zu der Seite, auf der ihr noch mehr Infos erhaltet:

www.agentur-traumhochzeit.de/buch

Wenn ihr folgendes Symbol im Buch findet, dann könnt ihr die entsprechenden Informationen auf dieser Website finden und herunterladen.

Anmerkung: Wir verzichten in diesem Buch ganz bewusst darauf zu gendern, da es den Lesefluss behindern und gerade bei Aufzählungen eher zur Verwirrung führen würde. Wir hoffen trotzdem, egal welchem Geschlecht du angehörst, dass du dich von diesem Buch angesprochen fühlst.

DEN RICHTIGEN ZEITRAUM FINDEN

Die erste Frage, mit der ihr euch bei der Hochzeitsplanung beschäftigen solltet, ist euer Hochzeitsdatum. Träumt ihr von einer Sommerhochzeit unter freiem Himmel oder doch eher von einer Winterhochzeit mit romantischen Paarfotos im Schnee? Da die meisten Hochzeiten von Mai bis Ende Oktober stattfinden, sind viele Dienstleister für diesen Zeitraum schon ein Jahr im Voraus ausgebucht. Falls ihr ebenfalls im Frühling oder Sommer heiraten wollt, ist es daher sinnvoll, einen großzügigen Zeitpuffer einzuplanen. Bei einer Winterhochzeit habt ihr dagegen freie Auswahl und manche Locations locken sogar mit Preisnachlässen.

Auch die Wahl des Blumenschmucks kann Auswirkungen auf den Termin haben. Es ist zwar prinzipiell möglich, nahezu jede Blume zu jeder Jahreszeit zu erhalten, doch saisonale Blumen im Brautstrauß und in der Tischdeko schonen nicht nur das Hochzeitsbudget, sondern auch die Umwelt.

TIPP

Findet erst eure Traumlocation und legt dann euer Hochzeitsdatum fest.

DAS BUDGET

Im nächsten Schritt eurer Hochzeitsplanung solltet ihr euer Hochzeitsbudget festlegen. Wie viel könnt und wollt ihr euch leisten? Welche Punkte sind euch besonders wichtig? Listet eure Wünsche und Vorstellungen auf und vergebt Prioritäten. Hierzu findet ihr auf der Website einen passenden Wunscherfassungsbogen.

Um die Gesamtkalkulation nicht aus den Augen zu verlieren, könnt ihr später unter dem Thema Finanzplanung auf einen Budgetplan zugreifen.

Bei der Budgetplanung empfehlen wir, die großen Blöcke wie Location, Dekoration und Floristik als erstes aufzuführen, damit ihr die Kosten besser kalkulieren und gegebenenfalls eine Reserve einplanen könnt. Da ihr zum jetzigen Zeitpunkt noch nicht wissen könnt, welche »tatsächlichen Kosten« auf euch zukommen werden, ist es sinnvoll, mit den »geplanten Kosten« anzufangen. Sofern ihr mehrere Angebote von verschiedenen Dienstleistern, wie DJ, Fotograf, Trauredner oder Catering, eingeholt habt, könnt ihr eure tatsächlichen Kosten festigen.

Falls ihr mit dem Gedanken spielt, eure Hochzeit mit den Geldgeschenken eurer Gäste zu bezahlen, raten wir euch aus Erfahrung unbedingt davon ab. Nutzt das Geld dann lieber für eure Flitterwochen.

DIE GÄSTEANZAHL

Die Höhe eures Budgets hängt auch maßgeblich von der Gästeanzahl ab, denn je mehr Gäste kommen, desto größer muss auch die Location sein. Macht euch daher in Ruhe Gedanken darüber, welche Familienmitglieder, Freunde inklusive deren Kinder oder auch Kollegen mit möglichen Partnern auf gar keinen Fall fehlen dürfen. Vergesst bei dieser Aufstellung nicht, euch selbst mit einzurechnen. Wer gerne auch entfernte Verwandte und Bekannte am schönsten Tag des Lebens teilhaben lassen möchte, kann diese auch nur zum Polterabend oder zum Sektempfang nach der Trauung einladen.

DIE LOCATION

Eine Hochzeitsfeier steht und fällt mit der Location. Je größer eure Gästeanzahl ist, desto eingeschränkter ist eventuell das Angebot an Locations, die euren Vorstellungen entsprechen und in euer Budget passen. Beginnt daher möglichst frühzeitig mit der Suche und der Besichtigung potentieller Locations.

Ob Scheune, Weingut oder Schloss – sucht am besten erst einmal online nach passenden Räumlichkeiten, bevor ihr euch auf eine Besichtigungstour begebt. So könnt ihr euch beispielsweise schon vorab erkundigen, wie viele Personen in den Festsaal passen, ob die Location behindertengerecht ist oder ob genügend Parkplätze vorhanden sind.

TIPP

Wir empfehlen euch, mit der Locationsuche ein Jahr im Voraus zu beginnen.

DIE »SAVE THE DATE«-KARTE

Wenn ihr sichergehen wollt, dass sich die geladenen Gäste euren Hochzeitstag vormerken und nicht anderweitig verplanen, solltet ihr bereits vor der offiziellen Einladung eine »Save the Date«-Karte verschicken. Das ist vor allem dann wichtig, wenn ihr an einem Wochentag heiratet und sich eure Gäste entsprechend frei nehmen müssen oder ihr Gäste mit einer langen Anreise erwartet.

Im Gegensatz zur Einladung beinhaltet die »Save the Date«-Karte jedoch noch keine Details zur Hochzeitsfeier, sondern lediglich den Termin und den Ort der Hochzeit.

SEINE FREUDE IN DER FREUDE DES ANDEREN ZU FINDEN, DAS IST DAS GEHEIMNIS DES GLÜCKS.

(Georges Bernanos)

Seit 2005 realisieren die Weddingplaner der Agentur Traumhochzeit nun schon die Träume vieler Brautpaare. Egal ob es sich um eine Feier in einer kleinen Berghütte handelt, um eine Strandhochzeit barfuß am Meer, eine Scheunen-, Schloss- oder Zelthochzeit. Für jedes Brautpaar konzipieren die durchschnittlich 25 Hochzeitsplaner ein ganz individuelles Konzept, kreieren außergewöhnliche Dekorationskonzepte und machen Unmögliches möglich.

Was als Idee einer jungen Mutter, der Inhaberin Daniela Jost, begann, hat sich innerhalb weniger Jahre zur größten Agentur für Hochzeitsplanung Europas etabliert. Mittlerweile betreibt die Agentur Traumhochzeit als Franchisesystem im Schnitt 25 Standorte, einige davon im Ausland. Dabei eint die so unterschiedlichen Charaktere eine Vision: authentische Hochzeiten auf höchstem Qualitätsniveau zu planen. Unabhängig vom Budget findet jedes Paar hier Unterstützung und bekommt ein individuell zugeschnittenes Angebot. Sei es für eine Rundum-Sorglos-Planung, bei der der Hochzeitsplaner alle Fäden in den Händen hält, oder einfach nur für punktuelle Hilfe, wenn es beispielsweise darum geht, seine Traumlocation zu finden. Auch, wenn man sich generell in einzelnen Planungssteps überfordert fühlt, wie zum Beispiel in der Konzeption und Umsetzung eines perfekten Dekorationskonzeptes. Einige Paare planen sogar ihre gesamte Hochzeit mit größter Freude selbst und wünschen sich nur, dass ihnen ein beauftragter »Zeremonienmeister« an ihrem großen Tag den Rücken freihält und alles im Hintergrund in ihrem Sinne koordiniert.

Die Hochzeitsplaner der Agentur Traumhochzeit teilen nicht nur gern ihr Wissen rund um das Thema »Gründung als Hochzeitsplaner«, sondern auch ihr umfangreiches Know-How rund um die Hochzeitsplanung. Aus diesem Gedanken heraus entstand dieses Buch, das allen Brautpaaren ein profundes Wissen rund um dieses aufregende und wunderschöne Thema Hochzeit vermitteln möchte. Mögen daraus viele einzigartige Hochzeiten entstehen, die Freude unter die Menschen, Brautpaare sowie Gäste, bringen.

Eure Agentur Traumhochzeit

Agentur Traumhochzeit
Weddingplaner aus Leidenschaft

Hochzeits-location

Eine Hochzeitsfeier steht und fällt mit der passenden Location. Schließlich halten sich Brautpaar und Gäste am Hochzeitstag hier am längsten auf. Hier wird gegessen, getrunken und gefeiert!
Das Angebot an Locations ist groß: ob Scheune, Weingut, Gutshof oder Schloss, ob in Deutschland oder an eurem Lieblingsurlaubsort.
Wie ihr die perfekte Hochzeitslocation für eure Hochzeit findet und worauf ihr bei der Suche achten solltet, das verraten wir euch in diesem Kapitel.

Gut geplant ist halb gefeiert

Bevor ihr mit der Suche beginnt, solltet ihr die Rahmenbedingungen eurer Hochzeitsfeier festlegen und gleichzeitig bestimmen, welche Kriterien eure Location erfüllen soll. Erstellt hierfür am besten eine Checkliste und sortiert eure persönlichen Ansprüche nach Priorität. So seht ihr auf einen Blick, ob die jeweilige Location überhaupt euren Bedürfnissen entspricht oder ob ihr eure Suche fortsetzen solltet.

Ein wichtiger Anhaltspunkt für die Locationsuche ist die Anzahl der zu erwartenden Hochzeitsgäste. Wollt ihr lieber im kleinen Kreis feiern oder doch lieber ein großes Hochzeitsfest ausrichten? Denn je größer die Hochzeitsgesellschaft ist, desto mehr Platz müssen die Räumlichkeiten bieten.

Bitte berücksichtigt bei der Locationplanung auch, dass in der Regel ca. 10% der eingeladenen Gäste absagen.

Überlegt euch zudem, wo eure Hochzeit stattfinden soll: Wollt ihr lieber im näheren Umkreis heiraten oder seid ihr örtlich flexibel? Oder träumt ihr vielleicht sogar von einer Destination Wedding, beispielsweise in der Toskana, auf Mallorca oder in der Provence? Last but not least solltet ihr euch auch Gedanken zum Budget machen: Wo liegt eure Schmerzgrenze und welche Kompromisse würdet ihr notfalls eingehen, um das Budget einzuhalten?

Seid ihr nun soweit? Dann kann es jetzt mit der Locationsuche losgehen!

LOCATIONSUCHE LEICHT GEMACHT

Es gibt verschiedene Möglichkeiten, nach der passenden Hochzeitslocation zu suchen. Einen guten Überblick geben Verzeichnisse, die ihr entweder in Online-Hochzeitsportalen oder auch in speziellen Hochzeitszeitschriften findet. Die Locations sind dabei häufig nach Bundesland oder Postleitzahl sortiert, sodass ihr direkt auswählen könnt, welche Räumlichkeiten überhaupt für eure Hochzeit in Frage kommen würden. Online könnt ihr die Suchergebnisse zudem mithilfe verschiedener Suchfilter weiter eingrenzen. Dazu gehören Eckdaten wie Raumgröße, maximale Gästeanzahl, Kosten pro Person und die Art der Location. Ob Scheune, Weingut, Gutshof oder Schloss – welche Location passt am besten zu euch und eurem Hochzeitskonzept? Weitere Informationen findet ihr meistens auf der Website der jeweiligen Location. Auch die Bewertungen und Erfahrungsberichte anderer Brautpaare oder Hochzeitsgäste können für den Entscheidungsprozess durchaus hilfreich sein. Sollten dennoch Fragen offen geblieben sein, lohnt es sich, diese vorab telefonisch oder per E-Mail zu klären, bevor ihr einen Besichtigungstermin vereinbart.

Viele Hochzeitsfotografen veröffentlichen einen Teil ihrer Hochzeitsreportagen auch auf ihrer Website bzw. auf ihrem Blog. So habt ihr die Möglichkeit, einen ersten Eindruck verschiedener Hochzeitslocations zu erhalten und gleichzeitig die festlichen Dekorationsmöglichkeiten zu sehen. Und wer weiß, vielleicht findet ihr auf diesem Weg sogar euren Hochzeitsfotografen?

Alternativ könnt ihr euch auch im Familien- oder Freundeskreis nach persönlichen Empfehlungen umhören. Vielleicht seid ihr auch schon selbst als Gast auf einer Hochzeit eingeladen gewesen, deren Location exakt euren Vorstellungen entsprechen würde? Auf den nächsten Seiten haben wir als Inspiration ein paar Locations für euch visualisiert.

Mehr zur Teilplanung könnt ihr hier nachlesen:

Heiraten im Schloss

Heiraten im Alpenhotel

Heiraten in der Scheune

Heiraten im Industriewerk

Heiraten im Panoramaloft

WICHTIGE KRITERIEN FÜR DIE LOCATION-BESICHTIGUNG

Die Locationbesichtigung steht fest? Super! Dann erstellt am besten vorab einen Fragenkatalog, den ihr dann während oder nach der Besichtigung mit eurem Ansprechpartner durchgehen könnt. Im Folgenden haben wir einige der wichtigsten Kriterien für die perfekte Hochzeitslocation aufgeführt und euch auf Seite 21 ein paar Vorschläge für Fragen zusammengestellt.

Preise

Viele Locations bieten sogenannte Paketpreise für Hochzeitsfeiern an, die ihr gegebenenfalls bereits auf der Website einsehen könnt. Prüft daher noch vor eurem Besichtigungstermin, welches Paket für euch infrage kommen würde und notiert eure offenen Fragen dazu, z. B. welche Dienstleistungen bereits enthalten sind. Gibt es eine Gesamtpauschale oder wird pro Gast berechnet? In welchem Zeitraum oder für wie viele Stunden wird die Pauschale angeboten? Welche Getränke sind im Paket inbegriffen?
Es lohnt sich, abhängig von der Gästeanzahl grob zu überschlagen, welche Kosten zusätzlich zum ausgewählten Paketpreis noch auf euch zukommen können. Vor allem an Hochzeiten im Hochsommer solltet ihr ein zusätzliches Budget für nicht-alkoholische Getränke einplanen. Auch teure Spirituosen werden häufig separat berechnet.

Da die meisten Hochzeiten nach wie vor samstags stattfinden, sind die Paketpreise für Feiern unter der Woche oftmals günstiger. Prüft daher, ob für euch auch ein anderer Wochentag denkbar wäre. Hochzeitslocations, die über verschiedene Räumlichkeiten verfügen, bieten unter der Woche zudem weitere Vorteile an, wie beispielsweise die exklusive Nutzung des Geländes. In diesem Fall findet an diesem Tag keine zweite Hochzeit parallel statt. An den begehrten Samstagen müsst ihr dagegen häufig mit Extrakosten rechnen.

Übernachtungsmöglichkeiten

Sofern ihr nicht in eurem Heimatort heiraten solltet oder eure Gäste eine längere Anreise haben, um an eurer Hochzeitsfeier teilnehmen zu können, empfehlen wir, euch vorab nach Übernachtungsmöglichkeiten zu erkundigen. Viele Locations wie Hotels oder Gutshöfe haben oftmals den Vorteil, dass man dort nicht nur feiern, sondern auch übernachten kann. Reserviert in diesem Fall am besten schon einmal einen Großteil der Zimmer für eure Gäste und macht sie in der Hochzeitseinladung auf diese Option aufmerksam. Ansonsten könnt ihr natürlich auch Hotels oder Pensionen in der näheren Umgebung ausfindig machen und euch dort ein Kontingent sichern. Eure Gäste werden es sicherlich zu schätzen wissen, wenn sie ausgelassen mit euch feiern und dabei auch etwas trinken können, weil sie anschließend nicht mehr mit dem Auto fahren müssen. Alternativ könnt ihr natürlich auch einen Shuttle-Service für eure Gäste organisieren, der sie zu ihrer Unterkunft bringt.

Nähe zum Trauort

Viele Brautpaare bevorzugen eine Hochzeitslocation in der Nähe des Trauortes. Ob Standesamt, Kirche oder freie Trauung – zwischen dem Ort der Heiratszeremonie und der Location für die Hochzeitsfeier sollten maximal 30 Minuten Fahrzeit liegen. Je nach Location kann eine freie Trauung natürlich auch vor Ort stattfinden. Sprecht euch dafür am besten direkt mit dem Betreiber ab und erkundigt euch gleichzeitig auch nach der benötigten Ausstattung, wie Sitzgelegenheiten, Pavillon oder Sonnenschirmen sowie einem Traubogen. Sollte eure Location nicht ausreichend ausgestattet sein, könnt ihr die Ausstattung natürlich auch bei Partyverleih-Firmen mieten.

Parkplätze

Sofern eure Gäste mit dem Auto anreisen, sollte die Location über genügend Parkplätze verfügen.

Erkundigt euch bei der Locationbesichtigung, ob die Parkplätze eventuell sogar für eure Gäste reserviert werden können und ob dafür Gebühren anfallen. Ansonsten solltet ihr euch über weitere Parkplätze in der näheren Umgebung informieren.

TIPP

Als Faustregel gilt: Es sollten halb so viele Parkplätze vorhanden sein, wie Gäste zugesagt haben.

Essen und Trinken

Natürlich muss auch für das leibliche Wohl gesorgt sein. Fragt daher am besten nach, ob eure Hochzeitslocation eine hauseigene Gastronomie anbietet oder ob ihr ein Catering-Unternehmen beauftragen müsst. In diesem Fall kann euch die Location sicherlich auch bewährte Caterer aus der näheren Umgebung empfehlen. Viele Brautpaare wünschen sich zudem vorab ein Probeessen, damit sie auch ganz sicher sein können, dass die Qualität der Speisen und Getränke ihren Vorstellungen entspricht. Erkundigt euch zusätzlich, ob die Küche auf besondere Ernährungsgewohnheiten oder Unverträglichkeiten eingestellt ist und bei Bedarf auch vegetarische oder vegane Speisen anbietet.

In Locations mit Restaurant oder vorgegebenem Catering solltet ihr euch auch nach der Höhe des Teller- oder Korkgeldes erkundigen. Dabei handelt es sich um eine Gebühr, die für mitgebrachte Speisen oder Getränke, beispielsweise bei der Hochzeitstorte oder teuren Spirituosen für die Cocktail Bar, erhoben wird. Grund hierfür ist, dass die Getränke bei einer Hochzeitsfeier die Haupteinnahmequelle darstellen und in dem Fall teilweise entfallen würden. Daher bestehen viele Restaurants oder Caterer darauf, dass die Speisen oder Getränke ausschließlich über sie bezogen werden. Manche Brautpaare entscheiden sich jedoch trotzdem bewusst für selbst mitgebrachte Speisen oder Getränke, wenn z. B. das Weinangebot nicht ihrem Geschmack entspricht. Als Gegenleistung für das Kork- oder Tellergeld erhaltet ihr dann das passende Geschirr und als Serviceleistung der Location werden die Speisen oder Getränke serviert bzw. ausgeschenkt.

TIPP

Auch eure Hochzeitsdienstleister, die euch den Tag über begleiten, wollen nicht auf dem Trockenen sitzen. Plant sie daher ebenfalls für Essen und Getränke mit ein.

Ein weiterer Kostenpunkt, der oftmals vergessen wird, ist das Servicepersonal. Erkundigt euch, wie viele Servicekräfte euch wie lange zur Verfügung stehen und ab wann und in welcher Höhe ihr gegebenenfalls einen Nachtzuschlag bezahlen müsst. Überlegt euch zudem, ob und wie viel Trinkgeld ihr für die Servicekräfte einplanen wollt.

Raumausstattung und Dekoration

Auch die Raumausstattung spielt eine entscheidende Rolle bei der Wahl der Hochzeitslocation. Passen der Einrichtungsstil und das vorhandene Mobiliar zu eurem Hochzeitskonzept? Sind Tischdecken, Stoffservietten und Stuhlhussen im Preis inbegriffen? Sind genügend Tische für Geschenke, die Candy Bar und den Sektempfang vorhanden? Fotografiert euren Festsaal am besten aus verschiedenen Perspektiven, damit ihr euch später auch noch an jedes kleine Detail erinnern könnt. Dazu zählen neben dem Mobiliar auch der Fußboden, die Wände und die Decke mit ihrer Beleuchtung. Sofern ihr die Räumlichkeiten mit zusätzlichen Lichtquellen ausstatten möchtet, solltet ihr euch vorab bei der Location erkundigen. Denn offenes Feuer, wie Windlichter bzw. Laternen oder Kerzen als Teil der Tischdekoration, ist in vielen Räumlichkeiten nur unter bestimmten Bedingungen erlaubt. Alternativ könnt ihr auf Lichterketten oder LED-Kerzen zurückgreifen.

TIPP

Auch Wunderkerzen zum Eröffnungstanz oder Tortenanschnitt können eine Gefahr darstellen und müssen vorab genehmigt werden.

Dekorationen wie Stoffbahnen, Pompons oder Girlanden können ebenfalls sehr wirkungsvoll sein. Doch auch hier gilt, dass Anbringungen an den Wänden oder der Decke zuvor mit der Location besprochen werden müssen, da die Beschaffenheit des Gemäuers Utensilien wie Nägel, Reißzwecken oder Klebeband eventuell nicht zulässt.

Unterhaltung

Auch wenn ihr zum Zeitpunkt der Locationbesichtigung vermutlich noch nicht wisst, was ihr oder eure Gäste für euren großen Tag als Unterhaltung plant, lohnt es sich, nach dem vorhandenen Equipment zu fragen. Sind beispielsweise ein Beamer, eine Leinwand und ein Mikrofon vorhanden? Könnt ihr diese kostenfrei nutzen oder fallen Gebühren an? Bietet der Raum ausreichend Platz für eine Band oder einen DJ samt Mischpult? Ist die Tanzfläche groß genug? Wie ist die Akustik im Raum und sind ausreichend Steckdosen für die Technik vorhanden? Sollte die Location nicht über eine eigene Soundanlage und entsprechende Beleuchtung verfügen, könnt ihr euch natürlich auch vertrauensvoll an euren DJ wenden.

Hier findet ihr ein paar hilfreiche Tipps zum Thema Hochzeits-DJ.

Kinderbetreuung

Je mehr Kinder unter den Hochzeitsgästen sind, desto kindgerechter sollte auch die Hochzeitslocation sein. Sie sollte dann genügend Platz bieten und möglichst nicht an einer viel befahrenen Straße liegen, damit die Kinder gefahrlos auch im Freien spielen können. Achtet bei der Besichtigung auch auf mögliche weitere Gefahrenquellen wie Fallgruben und offene Zugänge zur Straße, nicht umzäunte Gartenteiche und Swimmingpools oder spitze, herausragende Gegenstände. Vielleicht bietet eure Location ja sogar einen Kinderspielplatz, eine Spiele-Ecke oder eine professionelle Kinderbetreuung an, die nach Bedarf hinzu gebucht werden kann? Erkundigt euch im Falle von Kleinkindern zudem nach vorhandenen Babyhochstühlen.

Es bietet sich auch an, die Kinder in die Hochzeit mit einzubeziehen (z. B. als Blumenkinder oder Ringträger) oder ihnen Beschäftigungsmöglichkeiten zu bieten (z. B. Ausmalbilder im Kirchenheft, kleine, weiße Hochzeitshüpfburgen, Spiele- und Bastelecken etc.).

TIPP

Damit der Tag für Groß und Klein so stressfrei wie möglich ablaufen kann, solltet ihr vorab eine Person bestimmen, die sich um die Kinder kümmert. Hierfür gibt es auch externe Dienstleister, die sich um die Kinderbetreuung mit einem passenden Programm kümmern.

Auf- und Abbau

Ganz gleich, ob ihr einen Dienstleister damit beauftragt oder euch selbst um den Auf- und Abbau kümmert: Informiert euch frühzeitig darüber, ab wann ihr mit dem Aufbau beginnen könnt. Es könnte nämlich sein, dass ihr – sofern am Vortag bereits eine andere Hochzeit in eurer Location stattgefunden hat – die Räumlichkeiten erst gegen Mittag betreten könnt. Plant möglichst viel Zeit dafür ein, damit der Aufbau nicht in Stress ausartet.

Auch der Abbau am Tag nach der Hochzeit muss organisiert werden. Klärt daher im Voraus, ob ihr Unterstützung von einem Dienstleister oder euren Familien und Freunden benötigt. Um die Endreinigung kümmern sich meist spezielle Reinigungsdienste. Bei manchen Locations ist diese im Preis inbegriffen, bei anderen fällt eine zusätzliche Endreinigungspauschale an.

Checkliste für die Fragen bei der Locationbesichtigung

- Wie wurdet ihr selbst im Lokal bei der Besichtigung empfangen?
- Welches Menü kann die Küche zu welchem Preis anbieten?
- Besteht die Möglichkeit des Probeessens und was kostet es?
- In welcher Form können die Tische gestellt werden?
- Welche und wie viele Getränke sind im Angebot enthalten? (Was ist auf den Tischen eingedeckt? Teller, Besteck, Brotteller, Wein-/Wassergläser)
- Wird der Wein offen oder in Flaschen serviert?
- Dürft ihr die Torte selber mitbringen und wird dann ein Tellergeld verlangt?
- Wie lange und in welcher Anzahl steht euch Servicepersonal zur Verfügung?
- Wird ein Geschenketisch bereitgestellt? Wenn ja, wo?
- Müsst ihr die Blumendeko selber organisieren?
- Welche Farbe haben die Tischdecken?
- Welche Farbe haben die Servietten?
- Darf in der Location geraucht werden und in welchen Bereichen?
- Wann und wie funktioniert die Bezahlung?
- Seid ihr alleine in der Location oder findet parallel noch eine Veranstaltung statt?
- Wie weit sind die Toiletten von dem Feiersaal entfernt?
- Wie viele Tage vorher muss die genaue Gästezahl feststehen?
- Wann schließt die Location?
- Ab wann kann die Musik/Deko aufgebaut werden?
- Sind Hochstühle für Kinder vorhanden?
- Gibt es einen Spieletisch für Kinder?
- Ist ein Wickeltisch für Babys vorhanden?
- Ab wann kann der DJ aufbauen und abbauen?
- Wann können die Torte, die Tischdeko und die Blumen gebracht werden?
- Wo kann die Hochzeitstorte gekühlt werden?
- Stellt euch die Location das Geschirr und Besteck für die Torte zur Verfügung?
- Wie laut darf die Musik sein?
- Muss ab einer bestimmten Uhrzeit für den Service oder die Locationmiete mehr bezahlt werden?
- Ist die Endreinigung im Preis inbegriffen?
- Werden kaputte Gläser oder Geschirr berechnet?
- Wird ein Shuttleservice angeboten?
- In welcher Entfernung befinden sich Übernachtungsmöglichkeiten?
- Wie sieht die Gut- bzw. Schlechtwettervariante der Hochzeitslocation aus? (Plan »B«)
- Wie sieht es mit den Parkmöglichkeiten für die Gäste aus?

Checkliste Location/Feier

VORBEREITUNG	
TISCHFORM:	
ANZAHL TISCHE:	
ANZAHL STEHTISCHE: INNEN / AUSSEN	
FARBE DER TISCHWÄSCHE:	
FARBE DER SERVIETTEN:	
WER BESORGT SERVIETTEN / TISCHWÄSCHE?	
FORM DER SERVIETTEN:	
SERVIETTEN WERDEN ERSTELLT VON:	
WELCHE FARBE HABEN DIE KERZEN?	
WER BESORGT DIE KERZEN?	
GESCHENKETISCH WIRD WO AUFGEBAUT?	
AUSREICHEND VASEN VORHANDEN?	
FEUERWERK ERLAUBT?	
WUNDERKERZEN ERLAUBT?	
NEBELMASCHINE ERLAUBT?	
LATERNEN MIT KERZEN ERLAUBT?	
SPERRSTUNDE:	
ÜBERDACHUNG FÜR SCHLECHTWETTER?	
WIRD DIE ÜBERDACHUNG DURCH LOCATION AUFGEBAUT / MUSS ANGEFORDERT WERDEN?	
AUFBAU FREIE TRAUUNG STEHT UM:	
WER BAUT DIE FREIE TRAUUNG AUF?	
BENÖTIGTE PLÄTZE:	
SCHÖNWETTER-VARIANTE:	
SCHLECHTWETTER-VARIANTE:	
GÄSTE WERDEN MIT WELCOME-DRINK EMPFANGEN UM:	
ZUSÄTZLICHE GETRÄNKE:	
FINDET BEI SCHLECHTWETTER WO STATT?	

ESSEN	
BÜFETT:	
MENÜ:	
KOMBINIERT WIE FOLGT:	
VEGETARIER / VEGANER ALS GÄSTE?	
SONSTIGE BESONDERHEITEN? (ALLERGIEN, KRANKHEITEN ETC.)	
MITTERNACHTSSNACK?	
WASSER / WEIN AUF TISCHE?	
COCKTAILS?	

PAPETERIE	
MENÜKARTEN WERDEN ERSTELLT VON:	
ART:	
MITGEBRACHT VON:	
GROSSER TISCHPLAN WIRD ERSTELLT VON:	
ART:	
MITGEBRACHT VON:	
PLATZIERUNG:	
TISCHKÄRTCHEN WERDEN ERSTELLT VON:	
ART:	
MITGEBRACHT VON:	
GASTGESCHENKE WERDEN ERSTELLT VON:	
ART:	
MITGEBRACHT VON:	
SCHNAPPSCHUSSKAMERAS BESORGT VON:	
MITGEBRACHT VON:	

DEKORATION	
BENÖTIGTE ELEMENTE:	
KERZEN:	
ERSATZKERZEN BESORGT DURCH:	
WO DEPONIERT?	
TISCHE SIND EINGEDECKT AB:	
FLORISTIN IST VOR ORT UM:	
WANN KANN DEKO WIEDER ABGEHOLT WERDEN?	
WURFSTRAUSS WIRD HINTERLEGT?	
VASE STEHT WO?	

MUSIK	
NAME / KONTAKT DER BAND / DJ:	
ANFAHRTSSKIZZE ZUKOMMEN LASSEN?	
VORAUSWAHL WURDE GETROFFEN ⇨ MUSIKWUNSCHLISTE WURDE AUSGEFÜLLT VON:	
FESTPAKET VON BIS UHR	
NACHBUCHUNG € / STUNDE?	
AUFBAU AB WANN?	
BENÖTIGTER PLATZ:	
SONSTIGE VORAUSSETZUNGEN:	
MICRO FÜR GÄSTE VORHANDEN?	
LIED ERÖFFNUNGSTANZ:	
LIED ZUR TORTE:	
LIED ZUM FEUERWERK:	
GÄSTE KÖNNEN MITGEBRACHTE CDS SPIELEN LASSEN?	
MUSIK NACH FESTPAKET?	
DJ / BAND HAT ZEITPLAN?	

HOCHZEITSTORTE	
ZEIT, ANLIEFERUNG, ANFAHRTSSKIZZE ÜBERMITTELT?	
PLATZ IM KÜHLHAUS VORHANDEN?	
ANSCHNITT ZUM SEKTEMPFANG / DESSERT / MITTERNACHT?	
GÄSTE HOLEN SICH STÜCKE / WIRD SERVIERT?	
WO IST DAS MESSER FÜR DIE TORTE?	
WUNDERKERZEN / FONTÄNEN IN LOCATION VORHANDEN / WERDEN MITGELIEFERT FÜR DIE DEKO DER TORTE?	

SONSTIGE KÜNSTLER	
NAME:	
TEL. / HANDY:	
ANFAHRTSSKIZZE ERHALTEN?	
UHRZEIT EINSATZ:	
UHRZEIT ENDE:	
ES WIRD BENÖTIGT:	

SPIELE/ANIMATION		
WELCHE SPIELE SIND VON TRAUZEUGEN GEPLANT?	WURFSTRAUSS	
	GÄSTEBUCH	
	BRAUTENTFÜHRUNG	
	FOTOBOX	
ZUM ERÖFFNUNGSTANZ:	BLÜTENREGEN	
	BLÜTENHERZ	
	TEELICHTHERZ	
	SEIFENBLASEN	
	ROSENSPALIER	
	WUNDERKERZEN	

FEUERWERK	
VERANSTALTER NAME / HANDY:	
AUFBAU AB:	

KINDERBETREUUNG	
MÖGLICHKEITEN IN DER LOCATION:	
BETREUUNG AB UHR	
ANZAHL BETREUER:	
ALTER DER KINDER:	
ANZAHL KINDER:	
SCHLAFMÖGLICHKEIT?	

RÜCKFAHRT	
WIE KOMMEN DIE GÄSTE NACH HAUSE?	

Die Checkliste für die Locationbesichtigung könnt ihr auch auf der Website herunterladen.

Amazing Ideas

Budgetplanung

Die Budgetplanung ist ein elementarer Teil jeder Hochzeitsplanung. Sie dient dazu, die tatsächlich entstandenen Kosten aufzuzeigen. Doch wie gehen wir das an? Zu allererst solltet ihr herausfinden, wo eure Prioritäten bei eurer eigenen Hochzeit liegen. Dafür haben wir euch einen Wunsch-Erfassungsbogen erstellt, in dem ihr all eure Vorstellungen und Wünsche festhalten könnt. Nehmt euch am besten die Zeit zu zweit, um den Bogen ganz in Ruhe auszufüllen. Er wird euch zum Ende nicht nur helfen, grundsätzliche Dinge zu klären, er gibt euch vielmehr auch eine Richtung, welche Dinge auf eurer Hochzeit MUST HAVE's sind.

Euer Wunschbogen

DATUM STANDESAMT: ______________

- wir sind schon verheiratet
- fixiert, ja am
- nicht fixiert

WUNSCHTERMIN: ______________

- Frühjahr
- Sommer
- Herbst
- Winter

ORT: ______________

- schon gebucht

DATUM TRAUUNG: ______________

- fixiert, ja am
- nicht fixiert

WUNSCHTERMIN: ______________

- Frühjahr
- Sommer
- Herbst
- Winter

ORT: ______________

- schon gebucht

SO WERDEN WIR UNS TRAUEN LASSEN:

- evangelisch
- katholisch
- ökumenisch
- nicht kirchlich (frei)

ANZAHL DER GÄSTE IM STANDESAMT: ______________

ANZAHL DER GÄSTE BEIM SEKTEMPFANG AM STANDESAMT: ______________

davon Kinder unter 12 Jahren: ______________

ANZAHL DER GÄSTE ZUR TRAUUNG/FEIER: ______________

davon Kinder unter 12 Jahren: ______________

ANZAHL DER GÄSTE BEIM SEKTEMPFANG ZUR TRAUUNG: ______________

davon Kinder unter 12 Jahren: ______________

IN WELCHEM STIL SOLL GEFEIERT WERDEN?

- rustikal
- edel
- modern
- romantisch
- Motto/Stil
- außergewöhnlich
- Party!
- traditionell
- ganz entspannt/rundum-sorglos

IN WELCHER LOCATION SOLL GETRAUT WERDEN?

- Wiese
- Schloss
- Saal
- bei/in der Feier-location
- Strand
- ______________

IN WELCHER LOCATION SOLL GEFEIERT WERDEN?

- Hotel
- Restaurant
- Scheune
- Schloss/Burg
- eigene Räumlichkeiten
- Schiff
- Bar
- Villa
- Unter freiem Himmel
- Weingut
- Strand
- Industriekulisse
- Zelt
- ______________
- Berghütte

DIE ENTFERNUNG ZUR LOCATION DARF MAXIMAL ________ BETRAGEN.

BESONDERE ERWARTUNG AN DIE LOCATION:

____

- Hotelzimmer vor Ort

BEWIRTUNG:

- Sektempfang nach der Trauung
- Kaffee/ Kuchen
- Candybar/Saltybar/Snackbar/Sweettable
- Abendessen als:
- Menü
- Büfettt
- Kombi
- Cocktails / Whiskybar
- Mitternachtssnack

ENTERTAINMENT

MUSIK TRAUUNG:

- Sänger/in
- Organist/in
- Klavier
- Band
- ______________

MUSIK FEIER:

- DJ
- Live- Band
- Alleinunterhalter
- ______________

UNTERHALTUNG:

- Kinderbetreuung
- Fotobox
- Ballons
- Comedy
- Tänzer
- Zauberer
- Führungen
- Feuertänzer
- Feuerwerk
- Karikaturist
- Schokobrunnen
- Porträtzeichner
- ______________
- organisierte Spiele
- ja
- nein

FOTOGRAFIE /VIDEOGRAFIE:

- Getting ready
- Probeshooting
- nur Paarshooting
- First Look
- Tagesreportage (bis 10 h)
- Reportage (bis 8 h)

Die 50:50 Hochzeitsformel

Glückwunsch! Ihr seid durch die Festigung eurer Gedanken schon einen großen Schritt weitergekommen! Nun gilt es, die noch offene Frage zu klären, wie viel eure Hochzeit kosten wird. Dabei kann euch unsere Standardformel behilflich sein.

Grundsätzlich fließen 50% eures Hochzeitsbudgets in die Location und in das Catering. Dazu zählen der Sektempfang, das Menü oder Büfett, der Mitternachtssnack, die Getränke, die Torte und gegebenenfalls auch die Cocktails und Longdrinks zu später Stunde.

Die weiteren 50% fließen in alles andere, wie beispielsweise die Braut- und Herrenmode, Ringe, Papeterie, Dienstleister und einiges mehr.

Auf der nächsten Seite könnt ihr euch einen von uns erstellten Budgetplan anschauen.

Von dem resultierenden Budget behaltet ihr zunächst 20% als Puffer ein. Ihr fragt euch nun sicherlich, warum das notwendig ist.

Solltet ihr zu euphorisch mit euren Ausgaben für die Location und das Catering starten, kann es passieren, dass für sämtliche Kleinigkeiten, wie die »liebevollen Details«, kein Budget mehr übrig bleibt. Aus diesem Grund eignet sich der Budgetplan als perfekter roter Faden, um eure Ausgaben nicht aus den Augen zu verlieren.

Ein weiterer entscheidender Faktor der Budgetplanung ist die Gästeanzahl. Basierend auf unseren Erfahrungen wissen wir, dass durch die personenbezogenen Ausgaben, wie Papeterie, Dekoration, Gastgeschenke, Speisen und Getränke etc., ein Gast zwischen 150 € und 250 € kosten wird.

Überlegt euch daher, ob es wirklich notwendig ist, den Cousin 3. Grades, den Kollegen von der damaligen Firmenfeier oder alle Vereinsmitglieder einzuladen. Die meisten unserer Paare entscheiden sich für die wichtigsten Personen in ihrem Leben, wie die Familie, Freunde und Arbeitskollegen.

Damit ihr all eure Gäste auf einen Blick seht, stellen wir euch unsere Masterliste auf der Website zur Verfügung.

Die Budgetverteilung ist einer der schwierigsten Punkte bei eurer Hochzeitsplanung. Schließlich habt ihr noch keine Erfahrungen mit den Angeboten der einzelnen Dienstleistungen.

Hilfreich für das Ermitteln des richtigen Preises ist es, eine Priorisierungsliste anzulegen. Überlegt dabei, wie viel euch z. B. der DJ wert ist. Lasst da ruhig eurem Bauch auch ein Mitspracherecht.

Wenn ihr z. B. für eure Hochzeitsfeier 6.000 € zur Verfügung habt und die Speisen und Getränke mit 4.000 € im Angebot stehen, wisst ihr, dass für die Locationmiete, Cocktails und Torte nur noch 2.000 € zur Verfügung stehen.

Mit diesem Wissen könnt ihr z. B. schnell herausfinden, ob die Location zu eurem Budget passt oder nicht.

Wir haben euch auf den folgenden Seiten einen Budgetplan mit Durchschnittspreisen zur Orientierung ausgefüllt. Die Preise variieren natürlich je nach Ort. Sie sollen euch als Beispiel dafür dienen, wie viel die Dienstleistungen eines DJs oder eines Floristen kosten könnten.

Hochzeits-Budgetplaner

	GESCHÄTZTER DURCHSCHNITT	GEPLANTE KOSTEN	IST-KOSTEN
GESAMTKOSTEN	35.220,00 €		

HOCHZEITSPAPETERIE	905,00 €		
»SAVE THE DATE«-KARTEN	125,00 €		
HOCHZEITSEINLADUNGEN	175,00 €		
KIRCHENHEFTE	125,00 €		
MENÜKARTEN	125,00 €		
TISCHKARTEN / PLATZKARTEN	150,00 €		
DANKSAGUNGEN	125,00 €		
BRIEFMARKEN	40,00 €		
GÄSTEBUCH	40,00 €		
SONSTIGES			

SCHMUCK	1.530,00 €		
EHERINGE	1.500,00 €		
RINGKISSEN	30,00 €		

AUSTATTUNG BRAUT	2.700,00 €		
BRAUTKLEID	1.500,00 €		
SCHLEIER	90,00 €		
JÄCKCHEN / BOLERO	80,00 €		
BRAUTSCHUHE	100,00 €		
DESSOUS	70,00 €		
SCHMUCK	80,00 €		
TASCHE	30,00 €		
SONSTIGES (Z. B. HANDSCHUHE, REIFROCK, ...)	150,00 €		
BRAUTFRISUR & MAKE-UP MIT PROBE	550,00 €		
MANIKÜRE / PEDIKÜRE	50,00 €		

AUSSTATTUNG BRÄUTIGAM	1.080,00 €		
ANZUG	600,00 €		
HEMD	100,00 €		
KRAWATTE/FLIEGE	50,00 €		
WESTE/KUMMERBUND	50,00 €		
GÜRTEL/HOSENTRÄGER	40,00 €		
SCHUHE	100,00 €		
SONSTIGES (Z. B. HUT, MANSCHETTENKNÖPFE)	100,00 €		
FRISEUR	40,00 €		

	GESCHÄTZTER DURCHSCHNITT	GEPLANTE KOSTEN	IST-KOSTEN
HOCHZEITSFEIER	13.500,00 €		
SEKTEMPFANG/FINGERFOOD	550,00 €		
SPEISEN	6.000,00 €		
GETRÄNKEPAUSCHALE	4.500,00 €		
HOCHZEITSTORTE / CANDYBAR	700,00 €		
TRINKGELDER	250,00 €		
DJ	1.500,00 €		
SONSTIGES (Z. B. SAALMIETE, NEBENKOSTEN)			
BLUMEN & DEKO	2.135,00 €		
STANDESAMTDEKO	150,00 €		
DEKORATION FÜR DIE TRAUUNG (ALTAR,BÄNKE, BAKDROP)	600,00 €		
BRAUTSTRAUSS	90,00 €		
STRAUSS FÜR TRAUZEUGIN	45,00 €		
AUTOSCHMUCK	150,00 €		
TISCHDEKORATION (10-20 TISCHE)	800,00 €		
SONSTIGES (Z. B. ANSTECKER, BLUMENKINDER)	300,00 €		
STANDESAMTLICHE TRAUUNG	590,00 €		
GEBÜHREN	90,00 €		
KLEID / KOSTÜM BRAUT	200,00 €		
ANZUG BRÄUTIGAM	200,00 €		
BRAUTFRISUR & MAKE-UP	100,00 €		
SONSTIGES (Z. B. MUSIK, FAMILIENBUCH)			
KIRCHLICHE TRAUUNG	1.480,00 €		
SPENDE	100,00 €		
HOCHZEITSKERZE	80,00 €		
MUSIK	350,00 €		
UMTRUNK NACH DER KIRCHE	500,00 €		
SCHLEIFEN FÜR DAS AUTO DER GÄSTE	150,00 €		
TAUBEN ODER SCHMETTERLINGE	300,00 €		

DIVERSES	11.300,00 €		
JUNGGESELLINNENABSCHIED	500,00 €		
GASTGESCHENKE	350,00 €		
GESCHENKE FÜR TRAUZEUGEN, ELTERN	100,00 €		
FOTOGRAF (INKL. BILDERBESTELLUNG) 8 STD.	2.300,00 €		
HOCHZEITSVIDEO	2.800,00 €		
HOCHZEITSAUTO	500,00 €		
HOCHZEITSREISE	3.000,00 €		
SONSTIGES (Z. B. TANZKURS, EHESEMINAR, HOCHZEITSPLANUNGSKURS ...)	600,00 €		
HOCHZEITSSUITE	150,00 €		
SHUTTLE	500,00 €		
LIEBEVOLLE DETAILS	500,00 €		
GESAMTKOSTEN	35.220,00 €		

Diesen Budgetplan könnt ihr euch auch auf der Website herunterladen.

Beginnt mit der Budgetvergabe bei euren Big Points oder Must Haves. Was ist euch besonders wichtig? Was wird unbedingt benötigt, um eine Hochzeitsfeier auszurichten?

- Location/ Catering
- Fotografie
- Styling
- Dekoration/Floristik

Holt die ersten Angebote ein und teilt den Dienstleistern bei eurer Anfrage direkt schon mit, welches Budget ihr auszugeben plant und was ihr euch vorstellt. So kann er euch direkt zu euren Wünschen ein Angebot erstellen. Tragt die Angebote dann in euren Budgetplan ein. Jetzt könnt ihr sofort erkennen, ob das Angebot zu eurem »geplanten Budget« passt, oder ob ihr eine Umverteilung vornehmen oder sogar ein weiteres Angebot einholen müsst, welches eventuell besser passt.

Um euer Budget im Auge zu behalten, solltet ihr euch jedes noch so kleine gekaufte Teil eintragen. Nur so wisst ihr am Ende, was ihr wirklich für eure Hochzeit ausgegeben habt.

Zahlungsplan

Auf der Website findet ihr auch noch diese Übersichtsliste auf der ihr eintragen könnt, wann welche Rechnungen am besten bezahlt werden sollten. Des Weiteren findet ihr dort auch die Zeitschiene auf der nächsten Seite.

DIENSTLEISTER	BETRAG	ZAHLBAR AM	KONTOVERBINDUNG	SONSTIGES

Zeitschiene

Hier könnt ihr nun schon euren ersten groben Tagesablaufplan erstellen.

7.00	
7.30	
8.00	
8.30	
9.00	
9.30	
10.00	
10.30	
11.00	
11.30	
12.00	
12.30	
13.00	
13.30	
14.00	
14.30	
15.00	
15.30	
16.00	
16.30	
17.00	
17.30	
18.00	
18.30	
19.00	
19.30	
20.00	
20.30	
21.00	
21.30	
22.00	
22.30	
23.00	
23.30	
00.00	

Hochzeits-konzepte

Das Hochzeitskonzept, oder auch Moodboard genannt, ist eine Ansammlung von Inspirationen im Bildformat. Hier haben wir euch verschiedene Mottos und die passenden Farbpaletten zusammengetragen. Inspirationen zu eurer Hochzeit findet ihr überall: in Magazinen, auf Hochzeitsmessen, auf Hochzeitsblogs, Pinterest, Facebook und Instagram. Wir haben es euch hier etwas leichter gemacht, denn wir wissen, dass diese riesige Auswahl an Bildern schnell zu Überforderung führen kann.

Zuerst nehmt euch einen Augenblick Zeit und überlegt, was euch für euren großen Tag wichtig ist. Notiert in kurzen knappen Worten, wie sich eure Momente bei der Trauung und anschließend beim Dinner oder auch auf der Party anfühlen sollen. Beschreibt, woran ihr euch in einem Jahr noch erinnern wollt.

Wie beschreibt ihr euren Stil?

O *NATÜRLICH*	O *ROMANTISCH*	O *SANFT*	O *MODERN*
O *ALTERNATIV*	O *SHABBY CHIC*	O *VERSPIELT*	O *VINTAGE*
O *FRISCH*	O *RUSTIKAL*	O *GLAMOURÖS*	O *DUNKEL*
O *MINIMALISTISCH*	O *TRADITIONELL*	O *PASTELL*	O *POPPIG*
O *ROCKIG*	O *RETRO*	O *MUTIG*	O *JETSET*
O *INDUSTRIAL*	O *AUFGERÄUMT*	O *BLUMIG*	O *MEDITERRAN*
O *FARBENFROH*	O *EDEL*	O *LUFTIG*	O *URBAN*

Die beste Jahreszeit für eure Hochzeit ist immer die Jahreszeit, bei der ihr euch am wohlsten fühlt. Jede der vier Jahreszeiten hat ihre eigenen charakteristischen Eigenschaften und jede Saison bietet tolle einzigartige Stimmungen. Hier haben wir euch eine Übersicht mit den charakteristischen Eigenschaften jeder Jahreszeit erstellt.

#FRÜHJAHR

Eigenschaften: lebendig, frisch, jung, lustig, impulsiv, spontan, hell, gesellig, leicht, locker, zwanglos
Styling: lebendige Muster, runde Schriftarten, schimmernde und glänzende Oberflächen, zarte und leichte Materialien
Farben: hell, leuchtend und pastellig

#SOMMER

Eigenschaften: elegant, romantisch, harmonisch, träumerisch, chic, warm, hell, traditionell, beruhigend
Styling: fließende, elegante Linien, kräftige Blumen, filigranes Handlettering, traditionelle Serifenschriftarten, qualitativ hochwertige Materialien
Farben: zart, glitzernd und gedeckt

#HERBST

Eigenschaften: warm, energisch, mutig, gemütlich, reichlich, anspruchsvoll, natürlich, aktiv, wohlig, deftig, auffällig
Styling: natürliche Muster, kompakte Schriften, nachhaltige Materialien
Farben: warm, satt und erdig

#WINTER

Eigenschaften: dramatisch, dynamisch, praktisch, opulent, theatralisch, frostig, stark, glitzernd, seriös
Styling: geometrische, klare und simple Formen, kleine minimale Schriften kombiniert mit großen opulenten Schriften, schwere und derbe Materialien
Farben: kühl, konträr und klar

Die Hochzeitsfarben

Eure Hochzeitsfarben begleiten euch durch die gesamte Planung. Zu Beginn der Farbentscheidung steht meistens eure Lieblingsfarbe. Neben eurem eigenen Geschmack solltet ihr auch unbedingt die Gegebenheiten der Location, in der die Hochzeit stattfindet, berücksichtigen. Für ein stimmiges und einladendes Gesamtkonzept müssen die Farben auch zu den Räumlichkeiten passen. Prinzipiell gilt es, ein bis zwei Hauptfarben auszuwählen und diese mit maximal drei Nebenfarben zu kombinieren.

Auf den folgenden Seiten haben wir euch zu verschiedenen Themen Moodboards erstellt – ihr könnt sie einmal hier entnehmen oder auf den Link darunter gehen und auf Pinterest euer eigenes Moodboard erstellen.

Fairytale Wedding | Castle

Unter diesem Code findet ihr noch weitere Bilder zu diesem Konzept:

Destination Wedding | Austria

Unter diesem Code findet ihr noch weitere Bilder zu diesem Konzept:

Boho Wedding / Mallorca

Unter diesem Code findet ihr noch weitere Bilder zu diesem Konzept:

Greenery Wedding / Sustainable

Unter diesem Code findet ihr noch weitere Bilder zu diesem Konzept:

Magic Wedding / Castle

Unter diesem Code findet ihr noch weitere Bilder zu diesem Konzept:

Standes-amtliche Trauung

Der erste Schritt in die gemeinsame Zukunft ist der Weg zum Standesamt. Denn wer in Deutschland offiziell verheiratet sein möchte, muss sich standesamtlich trauen lassen. Eine freie oder kirchliche Trauung stellt formal somit lediglich eine Ergänzung zur standesamtlichen Trauung dar.

Auch wenn ihr es sicherlich kaum erwarten könnt, euch endlich das Ja-Wort zu geben, solltet ihr beachten, dass die Anmeldung zur standesamtlichen Trauung frühestens sechs Monate vor dem gewünschten Hochzeitstermin stattfinden kann. Bei der Anmeldung solltet ihr bestenfalls beide anwesend sein und unbedingt die notwendigen Unterlagen dabeihaben. Falls einer von euch zeitlich verhindert sein sollte, kann er dem anderen jedoch auch eine Vollmacht ausstellen.

DAS STANDESAMT: RATHAUS ODER WUNSCHORT?

Viele Standesämter bieten neben den Räumlichkeiten im Rathaus auch sogenannte Wunschorte an, beispielsweise in umliegenden Schlössern oder Burgen. Da die Termine für diese Außenstellen jedoch nur begrenzt verfügbar sind, ist es ratsam, sich frühzeitig mit dem jeweiligen Standesamt in Verbindung zu setzen. Eine standesamtliche Trauung in einer der begehrten Außenstellen ist oftmals auch mit zusätzlichen Kosten verbunden, daher informiert euch am besten vorab auf der Website oder direkt bei eurem Standesbeamten.

DIE ANMELDUNG

Die Wahl des Standesamtes bleibt dabei euch selbst überlassen. Lediglich die Anmeldung der Trauung, auch Aufgebot genannt, muss beim Standesamt eures Wohnsitzes erfolgen. Falls ihr in zwei unterschiedlichen Städten wohnt, für die jeweils ein anderes Standesamt zuständig ist, könnt ihr euch für eines der beiden Standesämter entscheiden. Eure Anmeldeunterlagen werden dann im Falle einer Trauung zm Wunschort weitergeleitet. Grundsätzlich könnt ihr euch in jeder beliebigen Stadt auch außerhalb Deutschlands das Ja-Wort geben. Achtet aber darauf, welche Unterlagen dafür nötig sind, damit die Ehe in Deutschland auch rechtskräftig ist.

TIPP

Erkundigt euch beim Standesamt auch nach möglichen Zusatzkosten.

TRAUZEUGEN: JA ODER NEIN?

Obwohl seit 1998 keine Trauzeugen-Pflicht mehr für standesamtliche Trauungen in Deutschland besteht, entscheiden sich trotzdem viele Brautpaare dafür, diese Tradition beizubehalten. Ihr könnt dabei bis zu zwei Trauzeugen pro Person bestimmen, also maximal vier Personen pro Trauung. Früher war es zwar so üblich, heutzutage ist es aber nicht mehr verpflichtend, dass der Bräutigam einen männlichen Trauzeugen und die Braut eine weibliche Trauzeugin benennt. Die einzige Voraussetzung, die ein Trauzeuge erfüllen muss, ist die Volljährigkeit. Auch die Konfession, der der Trauzeuge angehört, spielt keine Rolle. Solltet ihr zusätzlich eine kirchliche Trauung planen, sind zwei Trauzeugen dagegen Pflicht. (Siehe Kapitel kirchliche Trauung.)

Um die Trauung möglichst schön zu gestalten und um noch offene Fragen zu klären, könnt ihr am besten mit eurem Standesbeamten die aufgelisteten Einzelheiten der Trauung durchgehen.
Wie zum Beispiel:

- Ringtausch
- Trauzeugen
- Musikalische Untermalung
- Persönliche Details

Welche Rolle spielen die Trauzeugen?

- In Deutschland wird die Unterschrift der Trauzeugen im Standesamt nicht mehr benötigt. Dennoch ist es immer noch gang und gäbe, sich das Ja-Wort vor Zeugen zu geben.
- Trauzeugen haben die Ehre, während der Trauung ganz in der Nähe des Brautpaares zu sitzen, um schließlich ihre Unterschrift zu leisten.
- Später beim Fest sitzen sie nahe beim Brautpaar – meist bei den engsten Familienmitgliedern – oder sogar direkt beim Brautpaar.
- Ein großer Augenblick für die Trauzeugen stellt der Ringtausch dar.
- Die Trauzeugin nimmt in diesem Moment normalerweise der Braut ihren Brautstrauß ab, während der Trauzeuge dem Bräutigam die Ringe überreicht.
- Bei einer kirchlichen Trauung oder freien Trauung sollten die Trauzeugen vorher mit dem Brautpaar abklären, welche Vereinbarungen es mit dem Pfarrer oder dem Trauredner gibt, damit bei der Zeremonie alles reibungslos verläuft.
  Bei einer kirchlichen Hochzeit sind es oftmals die Trauzeugen, die die Hochzeitsfürbitten vortragen.

Wie läuft die standesamtliche Trauung ab?

Die standesamtliche Trauung dauert je nach Standesbeamten zwischen 20 und 30 Minuten und folgt in der Regel diesem Ablauf:

- Begrüßung des Brautpaares durch den Standesbeamten.
- Feststellung der Personalien des Brautpaares und gegebenenfalls auch der Trauzeugen – gültigen Personalausweis nicht vergessen!
- Betreten des Trauzimmers: Brautpaar, Trauzeugen und Hochzeitsgäste nehmen Platz. Ihr könnt natürlich auch nach euren Gästen den Raum betreten.
- Ansprache des Standesbeamten.
- Ehekonsenserklärung (Eheschließungsformel): Fragen des Standesbeamten an das Brautpaar (einzeln und nacheinander), ob sie die Ehe miteinander eingehen wollen.
  Bei Bejahung: Ausspruch des Standesbeamten, dass die beiden Verlobten nunmehr rechtmäßig verbundene Eheleute sind.
  Bei Verneinung: Abbruch der Trauung durch den Standesbeamten.
- Ringwechsel: Die Brautleute stecken sich gegenseitig die Eheringe an.
- Brautkuss.
- Der Ehebucheintrag wird durch den Standesbeamten vorgelesen.
- Unterschriften: Der Ehebucheintrag wird vom Brautpaar, den Trauzeugen und vom Standesbeamten unterschrieben. Derjenige Ehegatte, dessen Name sich durch die Eheschließung gegebenenfalls geändert hat, muss nun mit seinem neuen Familiennamen unterschreiben.
- Gratulation.

ZUSAMMENFASSUNG

Zeitliche Fristen

Die **Anmeldung** erfolgt frühestens sechs Monate vor dem gewünschten Trauungstermin. Die **Niederschrift zur Ermittlung der Ehefähigkeit** ist maximal sechs Monate gültig. Eine Mindestfrist gibt es nicht mehr, jedoch beträgt die durchschnittliche Wartezeit in größeren Städten zwischen zwei und sechs Wochen.

Das zuständige Standesamt

Grundsätzlich ist das Standesamt des derzeitigen Wohnsitzes oder Aufenthaltsortes zuständig. Besteht kein Wohnsitz oder Aufenthaltsort in Deutschland, ist das Standesamt des letzten Wohnsitzes zuständig.

Die Unterlagen

LEDIGE DEUTSCHE STAATSANGEHÖRIGE MÜSSEN FOLGENDE DOKUMENTE VORLEGEN:

- Gültigen Personalausweis oder Reisepass
- Aufenthaltsbescheinigung der Meldebehörde
- Beglaubigte Abschrift der Geburtsurkunde

UNTERLAGEN BEI WEITEREN LEBENSSITUATIONEN:

- Einbürgerungsurkunde
- Gemeinsames Kind, Geburtsurkunde
- Akademische Grade

UNTERLAGEN FÜR BEREITS GESCHIEDENE:

- Gültiger Personalausweis oder Reisepass
- Aufenthaltsgenehmigung der Meldebehörde
- Geburtsurkunde
- Heiratsurkunde aller früheren Ehen
- Nachweis der Aufhebung, Nichtigerklärung/Scheidung
- Sterbeurkunde

UNTERLAGEN FÜR KIND ODER KINDER:

- Geburtsurkunde der gemeinsamen Kinder
- Vaterschaftsanerkennung
- Nachweis der Staatsangehörigkeit
- Nachweis des Wohnsitzes der Kinder

Die Trauzeugen

Trauzeugen sind heutzutage nicht mehr vorgeschrieben, aber natürlich grundsätzlich erlaubt. Wenn man sich für Trauzeugen entscheidet, müssen diese volljährig sein und sich am Tag der Trauung durch einen gültigen Lichtbildausweis ausweisen können.

Die Kosten

Die Kosten für die standesamtliche Trauung sind in der Regel sehr überschaubar und hängen von der Menge der benötigten Dokumente ab.

- Die Kosten für die Anmeldung der Eheschließung liegen in etwa bei 60 €.
- Für die Ehe-/Geburtsurkunde fallen ca. 13 € an.
- Das Stammbuch schlägt mit 15–30 €, je nach Ausfertigung, zu Buche.
- Die Beglaubigungen der Unterlagen für die standesamtliche Hochzeit liegen bei etwa 13 € pro Stück.

Hinzu kommen die optionalen Kostenpunkte:

- Wenn ihr euch beispielsweise an einem Freitagnachmittag oder an einem Samstag das Ja-Wort geben möchtet, verlangen die Standesämter in der Regel einen Aufschlag.
- Plant ihr einen Doppelnamen zu führen oder benötigt ihr mehrere Exemplare der Heiratsurkunde, dann steigen die Kosten.

TIPP

Wenn ihr an einem Wunschort heiraten möchtet, wird in der Regel ein Zuschlag erhoben, den ihr zusätzlich einplanen müsst.

Eure Checkliste fürs Standesamt

Mehr als 6 Monate vor der Trauung

- ○ Gültigkeit der Personalausweise oder Reisepässe prüfen.
- ○ Beim Standesamt erkundigen, welche Dokumente erforderlich sind (vor allen Dingen, wenn eine der eheschließenden Personen eine ausländische Staatsangehörigkeit besitzt).
- ○ Ggf. einen gemeinsamen Ehenamen besprechen und festlegen.
- ○ Ggf. Trauzeugen auswählen.

Noch 6 Monate bis zur Trauung

- ○ Entsprechende Dokumente anfordern.

IMMER ERFORDERLICH

- ○ Personalausweis oder Reisepass.
- ○ Beglaubigte Abschrift aus dem Geburtenregister (Abschrift darf nicht älter als 6 Monate sein; über das Standesamt im Geburtsort oder auch online erhältlich.)
- ○ Aufenthaltsbescheinigung des Meldeamtes (Bescheinigung darf nicht älter als 14 Tage sein).

ERFORDERLICH, FALLS MINDESTENS EINE DER EHESCHLIESSENDEN PERSONEN BEREITS VERHEIRATET WAR

- ○ Beglaubigte Abschrift aus dem Geburtenregister (Abschrift darf nicht älter als 6 Monate sein).
- ○ Beglaubigte Abschrift aus dem Eheregister mit dem Auflösungsvermerk der Vorehe (Abschrift darf nicht älter als 6 Monate sein).

ERFORDERLICH BEI GEMEINSAMEN, IN DEUTSCHLAND GEBORENEN KINDERN

- ○ Beglaubigte Abschrift aus dem Geburtenregister des Kindes (Abschrift darf nicht älter als 6 Monate sein).

- ○ Die Eheschließung beim Standesamt (Wohnort) beantragen und Trautermin vereinbaren (dieser wird erst mit der Bestätigung der Anmeldung verbindlich).
- ○ Beim Anmeldetermin zur Eheschließung:
  - ○ an die Personalausweise und sonstigen Dokumente denken.
  - ○ Besonderheiten besprechen (z. B. Musik, individuelles Eheversprechen etc.).
  - ○ Ggf. Sänger oder Musiker für die Trauung anfragen.

Noch 4 Monate bis zur Trauung

- ○ Aufgaben übertragen (z. B. Sektempfang nach der Trauung).

Am Hochzeitstag

- ○ Pünktlich sein! Am besten schon 15 Minuten vor der Trauung anwesend sein.
- ○ Mitnehmen:
  - ○ Personalausweise (des Brautpaars und der Trauzeugen).
  - ○ Eheringe.
  - ○ Brautstrauß und ggf. Vase oder Blumenschmuck für den Trausaal.
  - ○ Stammbuch für die Hochzeitsurkunde.
  - ○ Ggf. CD-Player und persönliche Musikauswahl.

Beautiful Things

to Do's

Trauung

Nach der standesamtlichen Trauung folgt für viele Brautpaare die kirchliche oder freie Trauung. Diese Art der Trauung wird oftmals als die »eigentliche Vermählung« empfunden. Sie hat oft einen hohen emotionalen Stellenwert. Die kirchliche oder freie Trauung ist der verspielte, individuelle, romantische Teil einer Eheschließung. Es besteht die Möglichkeit, etwas ganz Persönliches in die Trauung mit einfließen zu lassen. Jedoch ist diese Trauung formal nur eine Ergänzung zur rechtlich notwendigen standesamtlichen Trauung.

Brautjungfern – eine alte Tradition

Im Mittelalter bestand die Aufgabe der Brautjungfern hauptsächlich darin, in weißen Kleidern vor der Braut in die Kirche einzuziehen, um dem Aberglauben nach die bösen Geister zu verwirren und von der tatsächlichen Braut abzulenken. Heutzutage gilt diese Tradition natürlich nicht mehr. Vielmehr dient dieser Brauch nun als wahrer Freundschaftsbeweis und ermöglicht es der Braut, ihre besten Freundinnen vor und an ihrem großen Tag auf ganz besondere Weise einzubeziehen.

Die Aufgaben

Da die Brautjungfern die Braut, neben der Trauzeugin, bereits während der Planungszeit unterstützen, sollten sie bestimmte Eigenschaften mitbringen. Darunter vor allem Organisationsstärke, Kreativität, Flexibilität, Empathie und stets ein offenes Ohr für die Sorgen und Wünsche der Braut.

To Do – vor der Hochzeit

Während der Planungszeit unterstützen die Brautjungfern die Braut, indem sie ...

- den Junggesellinnenabschied planen und vorbereiten,
- die Braut bei der Auswahl des Brautkleides beraten und bestärken,
- mögliche Programmpunkte der Gäste für die Hochzeit koordinieren,
- mit allgemeinen Hilfstätigkeiten der Braut zur Seite stehen, wie Einladungskarten beschriften, Gastgeschenke oder Tischdekoration vorbereiten etc.

To Do – am Hochzeitstag

Am Hochzeitstag unterstützen die Brautjungfern die Braut, indem sie ...

- der Braut beim Ankleiden behilflich sind,
- das Brautkleid und ggf. Schleier und Schleppe richten und im Verlauf des Abends die Schleppe hochbinden oder den Schleier abnehmen,
- liebevolle Details für den Auszug des Brautpaars an die Gäste verteilen, wie Konfetti-Tütchen, Seifenblasen, Streublumen, Wedding Wands (Hochzeitsbänder) etc.
- Fragen der Gäste beantworten,
- Hochzeitsgeschenke entgegennehmen, bei Bedarf die Namen der Schenkenden notieren, Geldgeschenke sicher verwahren,
- Dienstleister, Zulieferer bzw. Ablauf von Musik und mögliche Programmpunkte koordinieren,
- Gäste zum Tanzen animieren.

Wie viele Brautjungfern sind nötig?

Die Anzahl der Brautjungfern richtet sich nach euch und eurer Hochzeit und bleibt dabei jeder Braut selbst überlassen. Allerdings ist es sinnvoll, diese dem Stil der Feier und der allgemeinen Gästeanzahl anzupassen. Üblich sind zwischen zwei und sechs Brautjungfern.

Die Outfits und der Blumenstrauß

Auch die Outfits der Brautjungfern rücken an der Hochzeit unweigerlich in den Mittelpunkt, schließlich stehen sie der Braut den ganzen Tag zur Seite und sind daher auch ein beliebtes Fotomotiv. Während es für Brautjungfern in den USA üblich ist, das gleiche Kleid zu tragen, spielen bei der Kleiderwahl in Deutschland auch andere Kriterien eine wichtige Rolle. Für ein harmonisches Gesamtbild werden diese meist in einem Farbton gehalten – oftmals passend zum Farbkonzept der Hochzeit – allerdings in verschiedenen Farbnuancen und Schnitten. Jede Brautjungfer ist einzigartig und letztendlich sollen sich alle in ihren Kleidern wohlfühlen. Beliebte Farben für die Brautjungfernkleider sind Pastelltöne wie Apricot, Rosa, Hellblau, Flieder oder Bordeaux – lediglich die Farbe Weiß ist der Braut vorbehalten. Die Brautjungfernkleider sollen mit dem Brautkleid ein harmonisches Gesamtbild schaffen und es nicht übertrumpfen. Das Gleiche gilt übrigens für die Sträuße der Brautjungfern: Wer sich dafür entscheidet, sollte darauf achten, dass die Sträuße der Brautjungfern deutlich kleiner sind als der Brautstrauß. Eine schöne Alternative sind einzelne Blumen, ein Blumenarmband oder ein Blumenkranz.

Die Aufteilung der Kosten

Üblicherweise werden die Kosten der Kleider von den Brautjungfern selbst übernommen. Wünscht sich das Brautpaar hingegen besonders ausgefallene Kleider, wäre es angebracht, über eine Kostenbeteiligung nachzudenken. Blumensträuße und Anstecker gehören zur Floristik und werden daher vom Brautpaar bezahlt.

Das Getting Ready

Nach dem amerikanischen Vorbild treffen sich die Brautjungfern und die Trauzeugin mit der Braut zum sogenannten *Getting Ready*. Bei einem gemeinsamen Styling stoßen alle zusammen auf den Hochzeitstag an, sorgen für einen ausgelassen Start in den Tag und zugleich legt sich die Aufregung aller Beteiligten.

Üblicherweise beginnt mit dem *Getting Ready* bereits die Fotoreportage. Auch hier bietet es sich an, durch gleichfarbige Roben ein harmonisches Gesamtbild zu kreieren. Dies können beispielsweise Kimonos oder Morgenmäntel sein, die zusätzlich vor unliebsamen Flecken während des Stylings schützen.

Viele Bräute nutzen die Zeit beim *Getting Ready*, um sich mit kleinen Geschenken bei den Brautjungfern und der Trauzeugin für ihre Unterstützung zu bedanken. Sektgläser, Kosmetiktäschchen oder kleine Accessoires verwandeln sich durch Personalisierungen in Form von Gravuren oder Stickereien zu einzigartigen Erinnerungsstücken.

DIE BRAUTJUNGFERN VS. TRAUZEUGINNEN

Worin liegt nun genau der Unterschied zwischen einer Brautjungfer, also einer *Bridesmaid*, und der Trauzeugin, der *Maid of Honour*? Genau genommen kann jede Brautjungfer auch die Rolle der Trauzeugin übernehmen, sie wäre in diesem Fall die erste Trauzeugin und steht der Braut meist besonders nah. Oftmals handelt es sich bei der Trauzeugin daher um die beste Freundin oder die Schwester der Braut. Obwohl Trauzeugen für die standesamtliche Trauung inzwischen nicht mehr verpflichtend sind, werden sie immer noch gerne eingesetzt. Die Trauzeugin unterschreibt neben dem Brautpaar und dem Trauzeugen des Bräutigams die Hochzeitsurkunde und hat somit auch eine rechtliche Funktion.

Das männliche Pendant

Das männliche Pendant zu den *Bridesmaids*, also den Brautjungfern, sind die *Groomsmen*. Im Deutschen hat sich die Bezeichnung Brautführer durchgesetzt, da es sich dabei nach alter Tradition um einen guten Freund des Bräutigams handelte, der die Braut zum Altar führte. Heutzutage wird diese Aufgabe allerdings vom Brautvater übernommen, weswegen der Brautführer und die anderen *Groomsmen* stattdessen die Brautjungfern zum Altar geleiten.

Kirchliche Trauung

Viele Brautpaare entscheiden sich aufgrund ihres Glaubens oder der feierlichen Atmosphäre zudem für eine kirchliche Trauung. Diese stellt allerdings nur eine Ergänzung zur standesamtlichen Trauung dar und ersetzt diese nicht. Im Allgemeinen wird dabei zwischen der **katholischen,** der **evangelischen** und der **ökumenischen Trauung** unterschieden. Es können allerdings auch Trauungen mit unterschiedlichen Konfessionen durchgeführt werden, eine Konvertierung, also ein Religionswechsel, ist demnach nicht nötig. Sofern mindestens einer der beiden Eheleute der trauenden Kirche angehört und vorab ein Traugespräch stattgefunden hat, steht einer kirchlichen Trauung nichts mehr im Weg. Eine Ausnahme bildet dabei die katholische Kirche: Bereits geschiedene Ehepartner – sofern die vorhergehende Ehe nicht als nichtig erklärt wurde – sowie gleichgeschlechtliche Paare sind von der kirchlichen Trauung aktuell ausgeschlossen.

Katholische Trauung

Die kirchliche Trauung stellt eines der sieben Sakramente der katholischen Kirche dar. Sie unterscheidet dabei zwischen zwei verschiedenen Arten der Ehe: der **sakramentalen** und der **natürlichen Ehe**.

Die **sakramentale Ehe** wird zwischen zwei getauften Christen geschlossen. Dabei muss mindestens einer der Partner katholisch sein. Eine katholische Trauung ist auch dann möglich, wenn das Brautpaar verschiedenen Konfessionen angehört oder einer der Partner zwischenzeitlich aus der Kirche ausgetreten ist. Es bedarf dann allerdings einer Sondererlaubnis. Zudem verspricht der katholische Partner, die gemeinsamen Kinder taufen zu lassen und in seinem Glauben zu erziehen. Eine weitere Möglichkeit ist die **ökumenische Trauung**. Da die Kirche die Ehe als Sakrament und somit als unauflöslich ansieht – »bis dass der Tod euch scheidet« –, können Ehepartner, die bereits verheiratet waren und geschieden wurden, zwar nicht noch einmal kirchlich heiraten, viele Gemeinden bieten jedoch alternativ eine sogenannte **Segensfeier** an. Diese folgt keinem bestimmten Ablauf und kann daher individuell gestaltet werden. Fragt bei Interesse am besten bei der jeweiligen Pfarrei nach, ob eine Segensfeier auch in eurer Gemeinde möglich ist.

Die **natürliche Ehe** (Naturehe) wird dagegen zwischen einer getauften und einer ungetauften Person geschlossen. Das Brautpaar kann sich zwar katholisch trauen lassen, es handelt sich jedoch nicht um ein Sakrament.

Bei einem **Traugespräch** habt ihr die Möglichkeit, den Pfarrer, der eure kirchliche Trauung durchführen wird, besser kennenzulernen sowie Grundlagen und Details zu besprechen. Natürlich könnt ihr auch eure individuellen Wünsche einbringen, wie Fürbitten, Lesungen, Lieder oder die Wahl des Trauspruchs. Auch organisatorische Dinge wie das Dekorieren der Kirche, das Streuen von Blumenblättern in oder vor der Kirche sowie das Filmen und Fotografieren während der Trauung können hier zur Sprache kommen. Darüber hinaus wird in diesem Gespräch auch festgelegt, ob eure Trauung als Wortgottesdienst oder als heilige Messe, also mit einer Eucharistiefeier, stattfinden soll. Die Eucharistiefeier beinhaltet die Gabenbereitung, Wandlung sowie die anschließende Kommunion. Für eine katholische Trauung müsst ihr circa 40 bis 50 Minuten einplanen, in Verbindung mit einer Eucharistiefeier kann sie jedoch bis zu 75 Minuten dauern.

DAS TRAUGESPRÄCH FINDET ENTWEDER IN DER PFARREI ODER AUF WUNSCH AUCH BEI EUCH ZU HAUSE STATT.

TIPP

Vereinbart möglichst frühzeitig einen Termin für das Traugespräch mit eurem Pfarrer, am besten schon ein Jahr bzw. spätestens sechs Monate vor der geplanten Hochzeit. Wer nicht in der Heimatgemeinde heiraten möchte, kann sich auch außerhalb trauen lassen. Allerdings muss sich das Brautpaar in diesem Fall selbst erkundigen, ob der Wunschtermin in der jeweiligen Kapelle oder Kirche noch verfügbar ist, und sich um einen anderen Pfarrer kümmern.

Voraussetzungen für eine katholische Trauung

☑ Mindestens einer der Brautleute muss katholisch sein.
☑ Beide Partner müssen ledig sein.
☑ Eine standesamtliche Eheschließung muss vorausgegangen sein.
☑ Die Partner müssen heterosexuell sein.
☑ Es müssen zwei Trauzeugen benannt werden, die Konfession spielt dabei keine Rolle.

Ablauf einer katholischen Trauung

1. TEIL: DIE ERÖFFNUNG

- Begrüßung des Brautpaares am Eingang
- Einzug des Brautpaares
- Liturgische Eröffnung
- Musik/Gesang
- Schuldbekenntnis/Kyrie
- Tagesgebet

2. TEIL: DER WORTGOTTESDIENST

- Lesung
- Musik/Gesang
- Evangelium
- Predigt/Homilie

3. TEIL: DIE EHESCHLIESSUNG

- Befragung der Eheleute
- Segnung der Ringe
- Vermählung/Eheerklärung
- Austausch der Ringe
- Bestätigung des Ehebundes
- Segensgebet
- Musik/Gesang
- Fürbitten
- Vaterunser

4. TEIL: DIE EUCHARISTIEFEIER (OPTIONAL)

- Gabenbereitung
- Gabengebet
- Eucharistisches Hochgebet
- Vaterunser (gesungen)
- Friedensgruß
- Agnus Dei
- Kommunion
- Besinnung

5. TEIL: DER ABSCHLUSS

- Musik/Gesang
- Unterzeichnung des Traudokuments durch die Trauzeugen und den Priester
- Segen/Entlassung
- Schlusslied
- Auszug des Brautpaares

Benötigte Unterlagen

☑ Gültiger Personalausweis beider Partner.
☑ Taufbescheinigung mit Ledigennachweis (nicht älter als sechs Monate).
☑ Firmungszeugnis.
☑ Entlassschein: Bei einer Trauung außerhalb der Heimatgemeinde.
☑ Delegation: Bei einer Trauung, die von einem anderer Priester durchgeführt werden soll.
☑ Dispens: Falls einer der Partner evangelisch ist.

Evangelische Trauung

Bei einer evangelischen Trauung muss mindestens einer der Partner Mitglied der evangelischen Kirche sein, der andere Partner sollte zumindest einem christlichen Glauben angehören. Bei einem evangelischen und katholischen Brautpaar kann entweder ein rein evangelischer Gottesdienst oder alternativ ein ökumenischer Gottesdienst abgehalten werden. Falls einer der Partner keiner Religion angehört oder aus der Kirche ausgetreten ist, solltet ihr euch mit dem zuständigen Pastor besprechen, in welcher Form eine Trauung stattfinden könnte. Anders als in der katholischen Kirche wird die Ehe in der evangelischen Kirche jedoch nicht als Sakrament betrachtet, weswegen sich auch bereits geschiedene Personen kirchlich trauen lassen können. Allerdings muss man sich vorab zu einer eingehenden Beratung in der Landeskirche einfinden. Falls ein Partner konfessionslos ist, finden auch Gottesdienste anlässlich der Eheschließung statt. Auch gleichgeschlechtliche Trauungen sind prinzipiell möglich, allerdings gibt es hier regionale Unterschiede. Erkundigt euch daher am besten bei der jeweiligen Landeskirche nach den aktuellen Regelungen zur Trauung und Segnung schwuler und lesbischer Paare.

Voraussetzungen für eine evangelische Trauung

- ☑ Mindestens einer der Brautleute muss der evangelischen Kirche angehören.
- ☑ Beratungsgespräch in der Landeskirche muss stattgefunden haben.
- ☑ Eine standesamtliche Eheschließung muss nicht vorausgegangen sein.
- ☑ Die Partner müssen nicht heterosexuell sein.

Ablauf einer evangelischen Trauung

1. TEIL: DIE ERÖFFNUNG

Empfang des Brautpaares am Kirchenportal

- Einzug
- Begrüßung
- Musikstück/Gesang
- Eingangsvotum
- Gebet
- Musik/Gesang

2. TEIL: VERKÜNDUNG, BEKENNTNIS UND SEGNUNG

- Lesung aus der Bibel
- Musik/Gesang
- Predigt in Bezug auf die Trausprüche/Trautext
- Musik/Gesang
- Traubekenntnis/Eheversprechen
- Ringwechsel
- Segnung des Brautpaares
- Musik/Gesang

3. TEIL: DAS ABENDMAHL (OPTIONAL)

Dieser Teil ist optional und hängt von der Anzahl der evangelisch getauften Gäste ab.

4. TEIL: DIE SENDUNG

- Fürbitten
- Vaterunser
- Segen
- Auszug aus der Kirche

Benötigte Unterlagen

- ☑ Gültiger Personalausweis beider Partner.
- ☑ Taufbescheinigung mit Ledigennachweis (nicht älter als sechs Monate).
- ☑ Konfirmationsurkunde.
- ☑ Dimissoriale: Notwendig bei einer Trauung außerhalb der Heimatgemeinde.
- ☑ Dispens der katholischen Heimatgemeinde, falls einer der Partner katholisch ist.
- ☑ Heiratsurkunde des Standesamtes oder die Anmeldebescheinigung zur Eheschließung.

Ökumenische Trauung

Diese Art der Trauung eignet sich vor allem für Brautpaare, die christlich getauft sind, aber dennoch unterschiedlichen Konfessionen angehören. Die ökumenische Trauung verbindet beide Konfessionen miteinander, indem sie sich nach den Vorgaben einer Kirche richtet, während ein Geistlicher der anderen Kirche dabei assistiert. Ihr habt demnach die Wahl, ob ihr in einer katholischen Kirche mit Begleitung eines evangelischen Pfarrers heiraten wollt oder umgekehrt. Denn rein rechtlich gesehen ist es nicht möglich, gleichzeitig nach dem katholischen und evangelischen Kirchenrecht verheiratet zu sein. Ganz gleich, in welcher Kirche eure Hochzeit letztendlich stattfindet, muss sie dennoch vorab bei beiden Pfarrämtern angemeldet werden.

Ablauf einer ökumenischen Trauung

Der Gottesdienst findet immer nach der »Hausregel« der Kirche statt. Somit ist es entweder der Ablauf der katholischen Trauung (Seite 53 - 54) oder der Ablauf der evangelischen Trauung (Seite 55).

Benötigte Unterlagen

- ☑ Gültiger Personalausweis beider Partner.
- ☑ Taufbescheinigung mit Ledigen-Ausweis (nicht älter als sechs Monate).
- ☑ Partner mit evangelischer Konfession: Konfirmationsurkunde / katholische Konfession: Firmungszeugnis.
- ☑ Dispens: Erlaubnis des Pfarrers, wenn ein Partner katholisch ist.
- ☑ Dimissoriale: Erlaubnis des Gemeindepfarrers notwendig, wenn die Trauung in einer anderen Gemeinde stattfindet.
- ☑ Delegation: Möchte man von dem Pfarrer der Heimatgemeinde getraut werden, so benötigt man die Einwilligung des dortigen Pfarrers.

Die Kosten einer kirchlichen Trauung

Kirchliche Trauungen in der Heimatgemeinde sind sowohl in der katholischen als auch in der evangelischen Kirche grundsätzlich kostenlos. Allerdings können Gebühren für die musikalische Begleitung – beispielsweise durch einen Orgelspieler – und für die Dekoration der Kirche anfallen.

Solltet ihr euch für eine Kapelle oder Kirche außerhalb eurer Gemeinde entscheiden, können zusätzliche Kosten entstehen. Die Höhe der Kosten variiert von Gemeinde zu Gemeinde, erkundigt euch daher am besten bei dem zuständigen Pfarrer nach den örtlichen Gebühren.

Viele Brautpaare bedanken sich bei der Kirche zudem mit einer kleinen Spende. Diese kann zwischen 50 und 200 Euro betragen. Darüber hinaus kann auch die Kollekte, die während der Trauung eingesammelt wird, gespendet werden.

Freie Trauung

Immer mehr Brautpaare entscheiden sich nach der standesamtlichen Trauung zudem für eine freie Trauung. Denn diese Art der Trauzeremonie steht allen Paaren offen, unabhängig von ihrer Weltanschauung oder Religionszugehörigkeit. Auch gleichgeschlechtliche Paare können sich somit in einem feierlichen Rahmen das Ja-Wort geben. Ein weiterer Vorteil der freien Trauung ist, dass die Zeremonie keinem festen Ablauf folgt, sondern frei nach den Wünschen und Vorstellungen des Brautpaares gestaltet werden kann. Die freie Trauung ist außerdem ortsungebunden und kann praktisch überall stattfinden: ob am Strand, im Wald, in einem Leuchtturm oder auf einem Hausboot. Oftmals bietet es sich an, die freie Trauung an derselben Hochzeitslocation abzuhalten, in der auch die anschließende Feier stattfindet.

Durchgeführt wird die freie Trauung in der Regel von einem freien Trauredner, der eine sehr persönliche und individuelle Traurede für das jeweilige Brautpaar verfasst. Aus diesem Grund wird für die freie Trauung ein ausführliches Vorgespräch benötigt, in dem der Redner mehr über die Liebesgeschichte des Brautpaares erfährt und sich Redner und Brautpaar besser kennenlernen.

EINE FREIE TRAUUNG BEDEUTET NICHT, DASS DIE TRAUUNG ZWANGSLÄUFIG IM FREIEN STATTFINDEN MUSS. OB DRINNEN ODER DRAUSSEN, IN DER WAHL DES TRAUORTES SEID IHR VÖLLIG FREI.

Möglicher Ablauf einer freien Trauung

1. VOR DER TRAUUNG

- Einzug zu einem Musikstück
- Begrüßung durch den Trauredner
- Persönliche Geschichte des Paares
- Lied: ein Stück, das euch verbindet

2. WÄHREND DER TRAUUNG

- Trauritual
- Lied (hier sollte ein emotionsreiches Lied gewählt werden, da wir auf den Höhepunkt der Trauung zusteuern)
- Trauversprechen
- Ringwechsel (hier kann ein weiteres Lied gespielt werden)
- Kuss
- Wünsche an das Brautpaar durch Trauzeugen, Eltern, Brautjungfern oder *Groomsmen*
- Optional: Segnung des Brautpaares durch die Trauzeugen, Eltern oder den Trauredner

3. NACH DER TRAUUNG

- Auszug des Brautpaares: Ihr könnt entweder zuerst ausziehen und die Gäste kommen dann nach und nach zu euch zum Gratulieren oder ihr bittet eure Gäste, ein Spalier zu bilden, Blumen zu streuen oder Seifenblasen zu pusten.
- Lied zum Auszug

Traurituale

Hochzeitsrituale sind eine tolle Möglichkeit, um die Gäste an der Zeremonie teilhaben zu lassen und den geschlossenen Bund der Ehe auch symbolisch darzustellen. Im Folgenden findet ihr einige schöne Beispiele für Traurituale, die ihr in eure Trauung einbinden könnt.

Sandzeremonie

Bei dieser Zeremonie werden zwei verschiedenfarbige Sande von Braut und Bräutigam abwechselnd in ein großes Glasgefäß geschüttet, wodurch ein individuelles Muster entsteht. Die Farben symbolisieren dabei die neue Verbindung zweier sich liebender Menschen, die zu einer Einheit werden. Bei diesem Ritual können auch andere wichtige Personen mit weiteren Sandfarben beteiligt werden, beispielsweise Kinder oder Trauzeugen.

Zeitkapsel

Bei diesem Ritual notieren die Gäste ihre Gedanken und Gefühle während der Trauung auf einem Zettel. Die Notizen werden anschließend eingesammelt und dem Brautpaar in einer Box überreicht. Braut und Bräutigam dürfen diese Zeitkapsel dann an einem festgelegten Hochzeitstag öffnen und gemeinsam in Erinnerungen schwelgen. Zusätzlich können auch eine Flasche Wein und zwei Weingläser beigelegt werden.

Trauurkunde

Die Trauurkunde wird häufig als abschließendes Ritual einer freien Trauung eingesetzt, um das Versprechen, das ihr euch vor euren Gästen gegeben habt, zu besiegeln. Die Urkunde wird von dem Trauredner, den Trauzeugen und dem Brautpaar unterzeichnet und ist somit zwar kein offizielles, aber dafür ein umso emotionaleres Dokument, das euch immer an diesen besonderen Tag erinnern soll.

Knotenzeremonie

Bei diesem Hochzeitsritual werden die Hände des Brautpaars durch den Trauredner mit einem Seilknoten miteinander verbunden und mit Wünschen belegt. Der Knoten kann im Anschluss fest zusammengezogen und als schöne Erinnerung in einem Rahmen aufbewahrt werden – passend zum englischen Ausdruck für heiraten: »*to tie the knot*«.

Spalier stehen

Bei diesem Hochzeitsritual stellen sich die Gäste nach der Zeremonie in zwei Reihen auf, sodass zwischen ihnen ein Gang entsteht, durch welchen das Brautpaar schließlich hindurch schreitet. Dieses Ritual soll zeigen, dass Braut und Bräutigam gemeinsam den richtigen Weg eingeschlagen haben.

Trausprüche

Ein Trauspruch drückt eure Wünsche und Hoffnungen für die Ehe aus und ist daher etwas ganz Besonderes. Er ist sozusagen der persönliche Wegweiser in eure gemeinsame Zukunft als Ehepaar. Im Folgenden findet ihr eine kleine Auswahl verschiedener Trausprüche, die euch bei der Suche nach eurem ganz persönlichen Trauspruch inspirieren sollen.

DER PFARRER KANN EUREN TRAUSPRUCH ENTWEDER IN SEINE TRAUPREDIGT AUFNEHMEN ODER DIESE SOGAR DARAUF AUFBAUEN. SPRECHT EUCH DIESBEZÜGLICH AM BESTEN IM TRAUGESPRÄCH MIT EUREM PFARRER AB.

TIPP

Ihr könnt euren Trauspruch in eurer Hochzeitspapeterie verewigen, beispielsweise in der Einladungskarte, dem Kirchenheft oder auf der Menükarte.

Trausprüche aus der Bibel

Bleibt niemandem etwas schuldig: nur die Liebe schuldet ihr einander immer. RÖMER 13,8

So ihr mich von ganzem Herzen suchen werdet, so will ich mich von euch finden lassen, spricht der Herr. JEREMIA 29,13F

Leg mich wie ein Spiegel auf dein Herz, wie ein Siegel an deinen Arm. Stark wie der Tod ist die Liebe, die Leidenschaft ist hart wie die Unterwelt. Ihre Gluten sind Feuergluten, gewaltige Flammen. Auch mächtige Wasser können die Liebe nicht löschen. HOHES LIED 8, 6-7A

Wohin du gehst, dahin gehe auch ich. Und wo du bleibst, da bleibe auch ich. Dein Volk ist mein Volk. Und dein Gott ist mein Gott. Nur der Tod wird mich von dir scheiden. RUT 1,16-17

Zwei sind besser als einer allein. Denn wenn sie hinfallen, richtet einer den anderen auf. KOHELET 4,9-10

Unsere Liebe darf nicht aus leeren Worten bestehen. Es muss wirkliche Liebe sein, die sich in Taten zeigt. 1. JOHANNES 3,18

Lasst uns aufeinander Acht haben und uns zur Liebe und zu guten Werken anspornen. HEBRÄER 10,24

Seid miteinander freundlich, herzlich, vergebt einer dem anderen, gleich wie Gott Euch vergeben hat in Christus. EPHESER 4, 32

Nun aber bleiben Glaube, Hoffnung, Liebe, diese drei; aber die Liebe ist die größte unter ihnen. 1 KORINTHER 13,13

All eure Dinge lasst in der Liebe geschehen! 1. KORINTHER 16,14

Die Liebe ist langmütig und freundlich, die Liebe eifert nicht, die Liebe treibt nicht Mutwillen, sie bläht sich nicht auf; sie verhält sich nicht ungehörig, sie sucht nicht das Ihre, sie lässt sich nicht erbittern, sie rechnet das Böse nicht zu; sie freut sich nicht über Ungerechtigkeit, sie freut sich aber an der Wahrheit; sie erträgt alles, sie glaubt alles, sie hofft alles, sie duldet alles. Die Liebe hört niemals auf. 1. KORINTHER 13,4–8A

Der Gott der Hoffnung aber erfülle euch mit aller Freude und mit Frieden und Glauben, damit ihr immer reicher werdet an Hoffnung durch die Kraft des Heiligen Geistes. RÖMERBRIEF 15,13

Sie sind also nicht mehr zwei, sondern eins. Was aber Gott verbunden hat, das darf der Mensch nicht trennen. MATTHÄUS 19,6

Trausprüche aus der Literatur

In einer guten Ehe haben Mann und Frau Zeit genug, einander Freunde zu werden. NACH ROLAND BREITENBACH

Wer den anderen liebt, lässt ihn gelten, wie er ist, wie er gewesen ist und wie er sein wird. MICHEL QUOIST

Liebe ist Verantwortung eines Ichs für ein Du. MARTIN BUBER

Den anderen annehmen heißt, nicht nur seine Grenzen, sondern auch seine Fähigkeiten bejahen. KYRILLA SPIEKER

Lieben, das heißt, etwas für den anderen tun, etwas geben. Es heißt, sich selbst geben. ALESSANDRO PRONZATO

Die wirkliche Liebe beginnt, wo keine Gegengabe erwartet wird. ANTOINE DE SAINT-EXUPÉRY

Die Ehe ist eine Brücke, die man täglich neu bauen muss, am besten von beiden Seiten. ULRICH BEER

Schweigst du, so schweige aus Liebe; sprichst du, so sprich aus Liebe; tadelst du, so tadle aus Liebe; schonst du, so schone aus Liebe! Lass die Liebe in deinem Herzen wurzeln, und es kann nur Gutes daraus hervorgehen! AUGUSTINUS

Checkliste Zeremonie

VORBEREITUNG
Name Pfarrer: ____________________
Tel.: ____________________

Name Küster/in: ____________________
Tel.: ____________________

Name Organist: ____________________
Tel.: ____________________

Wer holt den Autoschmuck ab?
____

- o Reversschmuck
- o Brautstrauß
- o Trauzeuginnenstrauß
- o Sonstiges

Wer bringt die Blumenkörbchen/ Streublüten mit? ____________________

Kollekte ist bestimmt für:
____

WELCHE BESONDEREN KÜNSTLER KOMMEN ZUM EINSATZ?
Name: ____________________
Tel.: ____________________

Name: ____________________
Tel.: ____________________

- o Wird eine eigene Anlage mitgebracht?
- o Ist eine Anlage in der Kirche vorhanden?
- o Muss eine Anlage gemietet werden?

Aufbau der Künstler ab:
____

Aufbau der Dekoration ab:
____

Gibt es einen Seiteneingang, damit Gäste für eventuelle Überraschungen beim Auszug unauffällig vorher rausgehen können?
____

Informieren der Gäste über Sitzposition, Seiteneingang ist erfolgt?
____

DEKORATION
Anzahl der Bänke: ____________________
Möglichkeit der Befestigung:
____

Altar: ____________________
Eingang: ____________________
Brautpaarstühle: ____________________

KLEINE »NETTIGKEITEN«
- o Blume für jedes Revers?
- o Blumen für die Trauzeugen/Eltern/ Brautjungfern
- o Taschentücher für Freudentränen?

TRAUUNG
Uhrzeit Trauung: ____________________
Wer fährt das Brautauto?
____

Tel.: ____________________
Wer hilft beim Ein-/Aussteigen?
____

Wo wartet der Pfarrer?
____

Wer reicht der Braut ein Taschentuch?
____

Glockenläuten zum Einzug?
____

Glockenläuten zum Auszug?
____

DETAILS
Wer bringt die Ringe nach vorn?
____

Oder liegen sie schon auf dem Altar? Wo liegt das Ringkissen?
____

Wer bringt es mit?
____

AKTIONEN ZUM AUSZUG/
AKTIONEN VOR DER KIRCHE

(Bitte vorher mit Pfarrer reden, was erlaubt ist.)

- o Seifenblasen
- o Reis
- o Rosenspalier
- o Blütenregen
- o etc.
- o Baumstamm sägen
- o Herz ausschneiden
- o Luftballons
- o etc.
- o Schmetterlinge
- o Tauben
- o etc.

WEGBESCHREIBUNG ZUR LOCATION

In Form von:

Verteilt durch:

Tel.:

Erstellt durch:

Name:

Tel.:

Wer bringt sie mit?

Name:

Tel.:

KENNZEICHNUNG DER AUTOS/KONVOI

Art:

Erstellt durch:

Tel.:

Wer verteilt die Schleifen?

Wie viele Schleifen sind nötig?

KIRCHENHEFTE

Wer erstellt sie?

Wer druckt sie aus?

Wer bringt sie mit?

Wann werden sie verteilt?

- o Beim Hereinkommen der Gäste
- o Auf den Kirchenbänken

TRAUZEUGEN

Namen:

Tel.:

- o Ziehen mit ein
- o Warten am Altar

BRAUTJUNGFERN

Namen:

Tel.:

BLUMENKINDER

Namen:

Ziehen mit ein?

Nur Auszug?

Tel.:

Wer führt die Braut zum Altar?

Name:

Tel.:

- o Braut/ Paar wird vom Pfarrer abgeholt:

Wer gibt dem Organisten das Zeichen?

REIHENFOLGE EINZUG

MUSIK

Lieder Auswahl

1. Position:
2. Position:
3. Position:
4. Position:

FÜRBITTEN

Wer spricht sie?

Texte im Anhang

Trauspruch:

FOTOGRAF

Name:

Tel.:

Was darf fotografiert werden?

Kommt ein Hinweis ins Kirchenheft, dass nur der Fotograf fotografieren darf?

Wer soll fotografiert werden?

Diese Liste findet ihr ebenfalls auf unserer Website.

9 BIS 6 MONATE VORHER	TERMIN	ANSPRECH-PARTNER	VERTRAG	TO DO
Wunschtermin für Heirat aussuchen				
Festlegen, ob standesamtliche, kirchliche oder freie Trauung				
Finanziellen Rahmen festlegen				
Location festlegen				
Sofern entscheidend für Festlegung der Location: Probeessen, sonst später				
Ggf. Zimmerkontingent für Gäste einrichten				
Hochzeitssuite buchen				
Standesamt festlegen: (Anmeldung immer beim Heimatstandesamt)				
Name und Anschrift des Standesamtes – Standesbeamter				
Dokumente für die Anmeldung zur standesamtlichen Heirat:				
Abstammungsurkunde (wenn Eltern vor dem 01.01.1958 in der BRD oder vor dem 3.10.1990 in der ehemaligen DDR geheiratet haben)				
Abstammungsurkunde gemeinsamer Kinder				
Aufenthaltsbescheinigung der Meldebehörde (Ort, an dem ihr gemeldet seid)				
Frühere Heiratsurkunde und rechtskräftiges Scheidungsurteil				
Frühere Heiratsurkunde und Totenschein				
Nachweis der Staatsangehörigkeit/Ehefähigkeitszeugnis (Wenn ihr kein deutscher Staatsangehöriger seid – ACHTUNG, es können noch weitere Unterlagen benötigt werden, bitte beim Standesamt erkundigen!)				
Personalausweis oder Reisepass – Gültigkeit prüfen				
Vom Geburtenstandesamt eine beglaubigte Abschrift aus dem Geburtenregister				
Stammbuch kaufen				
Trauzeugen festlegen				
Kirche festlegen:				
Name und Anschrift der Kirche – Name Pfarrer				
Dokumente besorgen:				
Dimmisioriale (wenn ihr außerhalb der Gemeinde von einem anderen Pfarrer getraut werden möchtet)				
Delegation des Pfarrers (wenn ihr außerhalb der Gemeinde von eurem Heimatpfarrer getraut werden möchtet)				
Bei einer katholischen Trauung außerdem:				
Dispens (wenn ihr in einer auswärtigen evangelischen Kirche heiraten möchten)				

	TERMIN	ANSPRECH-PARTNER	VERTRAG	TO DO
u. U. Ehevorbereitungsprotokoll durch Pfarrer				
Firmungszeugnis				
u. U. Ledigeneid (wenn ein Partner nicht katholisch ist)				
Neu ausgestellter Auszug aus dem Taufregister durch Taufpfarramt (nicht älter als 6 Monate)				
Bei einer evangelischen Trauung außerdem:				
Dispens (wenn ein Partner katholisch ist) durch den Gemeindepfarrer				
Konfirmationsurkunde				
u. U. Nachweis über Mitgliedschaft in der Kirche durch Heimat-Pfarramt				
Neu ausgestellter Auszug aus dem Taufregister durch Taufpfarramt (nicht älter als 6 Monate)				
Trauzeugen festlegen				
Brautjungfern festlegen				
Brautführer festlegen				
Alternativ freie Trauzeremonie:				
Freien Redner/Theologen buchen – Name des Redners/Theologen				
Location besichtigen (erfragen, welches Equipment für die Zeremonie gebraucht wird):				
Altar				
Altargesteck				
Blumen entlang des Ganges				
Bodenbelag				
Große Schirme, falls sehr heiß oder regnerisch				
Kerzenständer				
Rosenbogen				
Roter Teppich				
Stehtische				
Stühle				
Stuhlhussen				
Windlichter				
Zelt				
Trauzeugen festlegen				
Brautjungfern festlegen				
Brautführer festlegen				
Brautkleid kaufen				
Ringe kaufen				

	TERMIN	ANSPRECH-PARTNER	VERTRAG	TO DO
Hochzeitsreise planen				
Urlaub für die Hochzeitsreise einreichen				
Impfungen checken / auffrischen?				
Neuen Pass beantragen? Achtung: Neuer Name!				
Visum beantragen? Achtung: Neuer Name!				
Konzept zur Hochzeit entwickeln				
Gedanken über Geschenke machen				
Flittergeld in Form von Gutscheinen (Flittermeilen) vom Reisebüro				
Online Hochzeitstisch				
Geschenkewünsche auf eigener Webseite angeben und in welchem Laden bestellt werden kann				
Gästeliste erstellen				
»Save The Date«-Karten versenden				
Dienstleister buchen – u. U. Genehmigungen einholen				
Ballons				
Cocktailmixer				
Comedykellner				
DJ buchen				
Feuershow				
Feuerwerk				
Floristik				
Fotografen				
Frisör				
Hochzeitsauto buchen				
Kutsche				
Kinderbetreuung buchen (wenn Kinderzahl fest)				
Musik				
Zur Trauung – Rücksprache, ob erlaubt und wann				
Zum Sektempfang				
Zur Feier				
Porträtzeichner				
Schmetterlinge fliegen lassen				
Stylistin				
Showeinlage				

	TERMIN	ANSPRECH-PARTNER	VERTRAG	TO DO
Tauben				
Videografen buchen				
Zauberer				
Anmeldung zum Tanzkurs				
Ggf. Hochzeitsversicherung abschließen				
Grobe Erstellung Tagesablauf				
Überlegen, ob Polterabend gewünscht, wenn ja, wann und wie				
5 BIS 4 MONATE VORHER				
Ggf. Ehevertrag aufsetzen				
Karten aussuchen				
Layout/Druck/Satz/Anfahrtsskizzen				
Einladungskarten versenden				
Sonderbriefmarken				
Gästebuch aussuchen				
Brautaccessoires kaufen				
Anzug und Schuhe für den Bräutigam kaufen				
Tagesablauf verfeinern				
3 BIS 2 MONATE VORHER				
Treue- oder Trauversprechen auswählen				
Ablauf Zeremonie Standesamt:				
An welchen Stellen kann Gesang eingebunden werden?				
Wann darf fotografiert werden?				
Ablauf Zeremonie Kirche:				
An welchen Stellen kann Gesang eingebunden werden?				
Wann darf fotografiert werden?				
Termin mit Pfarrer				
Pfarrer zur Feier einladen				
Ablauf Zeremonie freie Trauung:				
An welchen Stellen kann Gesang eingebunden werden?				
Termin mit freiem Redner				
Wann darf fotografiert werden?				

	TERMIN	ANSPRECH-PARTNER	VERTRAG	TO DO
Redner zur Feier einladen				
Blumenkinder wählen:				
Buttons »Blumenkind«				
Streukörbchen				
Kleidung für (Blumen)Kinder?				
Kleidung für (Blumen)Kinder?				
Ringträger auswählen				
Kerzenträger auswählen				
Zeremonienmeister bestimmen				
Brautschuhe kaufen und einlaufen				
Dekorationskonzept besprechen				
Schmuck für das Standesamt/Kirche wählen				
Weddingbubbles				
Taschentücher				
Roter Teppich				
Blumen über Floristin				
Dekoration Tische auswählen				
Kameras auf den Tischen				
Blumen				
Gefäße				
Streuartikel				
Menügläser				
Menübanderolen				
Individuelles Band				
Kerzen und Teelichter				
Servietten				
Knutschis-Figuren				
Tischnummern				
Platzkarten				
Getränkekarten				
…				
Dekoration Essen und Sektempfang				
…				

	TERMIN	ANSPRECH-PARTNER	VERTRAG	TO DO
Dekoration Raum auswählen				
Hussen für Stühle gewünscht				
Tischplan inkl. Staffelei				
Candybar?				
Gästekörbchen für die Toilette zum Frischmachen?				
Leihpflanzen				
...				
Dekoration Außenbereich				
Fackeln				
Lichtertüten				
Leihpflanzen				
...				
Gastgeschenke auswählen				
...				
Gästebuch auswählen				
Hochzeitskerze				
Brautstrauß auswählen (Kirche und Standesamt)				
Wurfstrauß?				
Anstecker für Bräutigam auswählen				
Armbänder auswählen				
Streublumen auswählen				
Sträuße für Brautjungfern auswählen				
Autoschmuck auswählen				
Blumen				
Schleifen				
Schilder				
Magneten				
....				
Shuttleservice für Gäste organisieren?				
Torte auswählen				
Termin Änderung Brautkleid				
Tagesablauf überarbeiten				

2 BIS 1 MONAT VORHER	TERMIN	ANSPRECH-PARTNER	VERTRAG	TO DO
Termine bestätigen lassen				
Auto – Stellplatz gesichert?				
Ballons				
Blumen				
Cocktailmixer				
Comedy-Kellner				
DJ				
Feuershow				
Feuerwerk				
Floristik				
Fotograf – Feinabstimmung				
Friseur				
Kirche				
Kutsche				
Kinderbetreuung				
Location				
Musik: zum Sektempfang buchen				
Zur Trauung – Rücksprache ob erlaubt und wann				
Zum Sektempfang				
Zur Feier				
Porträtzeichner				
Schmetterlinge				
Standesamt				
Stylistin				
Showeinlage				
Tauben				
Videograf				
Zauberer				
Zimmerreservierungen und Hochzeitssuite				
Menü- oder Büfettauswahl treffen				
Sofern nötig Probeessen				

	TERMIN	ANSPRECH-PARTNER	VERTRAG	TO DO
Sektempfang besprechen				
Getränkeauswahl besprechen				
Weinverkostung				
Menü-/ und Tischkarten				
Layout/Satz/Druck				
Programmhefte für Kirche oder freie Trauung drucken				
Layout/Satz/Druck				
Termin mit Diensleistern vor Ort:				
DJ (wenn nötig)				
Fotograf (wenn nötig)				
Gästeliste prüfen – alle geantwortet?				
Reden absprechen				
Spiele absprechen				
Baumstammsägen				
Herz ausschneiden				
Luftballons				
Blütenregen				
Rosenspalier				
Seifenblasen				
...				
Gastgeschenke				
Bestellt, ggf. beschriften				
Namensschilder drucken/basteln				
Kärtchen für Ballons drucken?				
Willkommensgruß auf den Zimmern der Gäste				
Tanzkurs auffrischen				
Probestecken beim Friseur				
Probe-Makeup bei der Stylistin				
Reden der Gäste anfangen				
Sitzplan erstellen				
Trauringe abholen oder gravieren lassen				
Recorder für die Standesamtliche Trauung – Musik				
Ringkissen bestellen				

	TERMIN	ANSPRECH-PARTNER	VERTRAG	TO DO
Reiseunterlagen prüfen				
Pass da?				
Impfungen aktuell – Impfpass da?				
Reisebestätigung da?				
Anzahlung/ Bezahlung geleistet?				
Garderoben nochmals anprobieren				
Brautkleid				
Kleid für das Standesamt				
Anzug				
Solariumbesuche einplanen				
Termine Körperpflege				
Massage				
Maniküre				
Pediküre				
Geschenkeliste überarbeiten/ aktualisieren				
Pension für Haustiere buchen				
Ggf. für die Hochzeitsreise Währung tauschen				
Einkäufe für die Hochzeitsreise (Sonnencreme, After Sun, ...)				
Wer kümmert sich um die Wohnung im Urlaub?				
Shuttle zum Flughafen geklärt?				
Tagesablauf überarbeiten				
2 BIS 1 WOCHE(N) VORHER				
Lieferadresse für Torte bestätigen				
Trauanzeige aufgeben				
Braut zum Friseur				
Bräutigam zum Friseur				
Kleid nochmals anprobieren				
Schuhe weiter einlaufen				
Location die aktuelle Gästezahl mitteilen				
Tagesplan fertigstellen				

	TERMIN	ANSPRECH-PARTNER	VERTRAG	TO DO
DER TAG VOR DER HOCHZEIT				
ENTSPANNEN				
Eheringe bereitlegen				
Dokumente bereitlegen				
Garderobe bereitlegen				
Handy aufladen				
Handtasche packen				
Zur Maniküre/Pediküre/Massage gehen				
Ausreichend Wasser trinken				
Ggf. Koffer für Hochzeitsreise packen				
NACH DER HOCHZEIT				
Gemeinsam zur Bank gehen				
Kleider reinigen lassen				
Klingel- und Postkastenschild ändern				
Neuen Namen bekanntgeben (Krankenkasse, Versicherungen, etc.)				
Steuerklasse ändern				
Papiere umschreiben lassen				
Personalausweis				
Reisepass				
Führerschein (muss nicht)				
Fotos nachbestellen				
Danksagungskarten auswählen und versenden				
Stammbuch abholen				
Offene Rechnungen begleichen				
Doppelte Versicherungen kündigen				

Diese Liste findet ihr ebenfalls auf unserer Website.

Agenda

Der Tagesablaufplan ist sozusagen die Agenda eurer Hochzeit und dient als Orientierung für die Dienstleister und eure Hochzeitsgäste. Eine entspannte Hochzeit ohne Stress – welches Brautpaar wünscht sich das nicht? Mit dem richtigen Tagesablauf ist das kein Problem! Denn ein detaillierter Zeitplan hilft, eure Hochzeit zu strukturieren und einen reibungslosen Ablauf der einzelnen Programmpunkte zu gewährleisten. Doch wie erstellt man einen Ablaufplan, wie viel Zeit muss man für die verschiedenen Programmpunkte einplanen und wer behält am Hochzeitstag den Überblick? Zu Beginn empfehlen wir immer, erst einmal einen groben Plan zu erstellen. Dies habt ihr evtl. schon in dem Kapitel Budgetplanung getan. Schaut noch einmal auf eure Tabelle, ob der Plan immer noch so stimmt, wenn nicht, dann korrigiert ihn.

Der grobe Plan

Ein erster grober Plan könnte so aussehen:

14:00 Uhr Trauung;
15:00 Uhr Sektempfang;
18:00 Uhr Menü Beginn
mit der Vorspeise;
21:00 Uhr Hochzeitstanz

Wir haben nachfolgend wertvolle Tipps zusammengetragen, wie ihr euch die Aufstellung einfach machen könnt.

SCHRITT 1: ALLE PROGRAMMPUNKTE IM ÜBERBLICK

Notiert euch zuerst alle wichtigen Ablaufpunkte eures Hochzeitstages – vom *Getting Ready* bis zum Mitternachtssnack. Überlegt dann, um welche Uhrzeit die einzelnen Programmpunkte in etwa stattfinden werden.

Je nachdem, wie weit eure Hochzeitsplanung bereits fortgeschritten ist, kann es sein, dass ein paar der Programmpunkte bereits fest eingeplant sind, beispielsweise die Uhrzeit der Trauung oder auch der Beginn des Hochzeitsessens. Falls ihr euch unsicher seid, wie viel Zeit ihr für die offiziellen Programmpunkte einplanen solltet, empfiehlt es sich, Kontakt zu den jeweiligen Ansprechpartnern bzw. Dienstleistern aufzunehmen. Sie teilen sicherlich gerne ihre Erfahrungswerte mit euch. Zum Abschluss dieses Schrittes sollte jeder einzelne Programmpunkt mit der jeweiligen Uhrzeit bzw. der eingeplanten Zeitspanne, dem Ort und der Zuständigkeit versehen sein.

SCHRITT 2: DIE RICHTIGE REIHENFOLGE

Sobald ihr alle wichtigen Programmpunkte notiert habt, müssen diese noch in die richtige Reihenfolge gebracht werden. Versucht dabei, euren großen Tag in Gedanken möglichst Minute für Minute durchzuspielen. Oftmals ergeben sich dabei noch weitere Fragen, die ihr vor dem nächsten Schritt klären solltet.

Manche Programmpunkte können auch parallel stattfinden, beispielsweise wenn ihr für die Zeit des Paarshootings ein Alternativprogramm für eure Hochzeitsgäste eingeplant habt. Sofern viele Kinder unter euren Gästen sein werden, bietet sich zudem ein spezielles Kinderprogramm an, um die Kleinen zu beschäftigen.

Bedenkt auch, dass sich die Tagesabläufe von Braut und Bräutigam beziehungsweise Braut und Braut oder Bräutigam und Bräutigam zeitweise voneinander unterscheiden können. Es bietet sich daher an, gegebenenfalls zwei verschiedene Zeitpläne zu erstellen.

TIPP

Mit verschiedenen digitalen Organisationshilfen habt ihr immer einen aktuellen Überblick über alle Aufgaben.

SCHRITT 3: PAUSEN UND ZEITPUFFER EINPLANEN

Damit euer großer Tag nicht in Stress ausartet und ihr ihn in vollen Zügen genießen könnt, solltet ihr unbedingt ausreichend Pausen einplanen. Das gilt sowohl für euch als frisch vermähltes Ehepaar – abseits des Trubels – als auch für eure Hochzeitsgäste.

Auch Zeitpuffer tragen zu einer entspannten Atmosphäre bei. Das gilt vor allem für längere Anfahrtswege, beispielsweise zwischen dem Trauort und der Hochzeitslocation. Plant daher lieber mehr Zeit als nötig ein für den Fall, dass ihr in einen Stau kommt oder die Parkplatzsuche doch etwas länger dauert.

Auch für den Sektempfang und die Gratulation solltet ihr einen Zeitpuffer einbauen, vor allem bei größeren Hochzeitsgesellschaften. Falls zwischen dem Sektempfang und dem Hochzeitsessen mehrere Stunden liegen und ihr kein Kuchenbüfett eingeplant habt, bietet es sich zudem an, kleine Häppchen zum Sekt zu reichen. Falls unter euren Gästen auch Kleinkinder sein sollten, sollte das Hochzeitsessen nicht allzu spät beginnen, damit die Eltern in Ruhe mit ihren Kindern essen und sie dann rechtzeitig ins Bett bringen können, bevor die Party beginnt.

Hinzu kommt, dass manche Programmpunkte unter Umständen eine gewisse Vor- und Nachbereitungszeit benötigen, die ebenfalls eingeplant werden muss. Sofern euch eure Gäste mit eigenen Programmpunkten bzw. Beiträgen überraschen möchten, könnt ihr diese natürlich noch nicht mit einplanen. In diesem Fall reicht es aus, wenn ihr lediglich den groben Zeitrahmen festlegt, der dafür zur Verfügung steht. Um den Rest kümmern sich dann eure Gäste bzw. Trauzeugen oder Dienstleister.

SCHRITT 4: DEN ABLAUFPLAN VISUALISIEREN

Zur besseren Orientierung bietet es sich außerdem an, euren Tagesablauf in Form eines Zeitstrahls, besser bekannt als Timeline, grafisch festzuhalten. Damit eure Gäste auf einen Blick erkennen, um welchen Programmpunkt es sich handelt, könnt ihr die einzelnen Stichpunkte auch mit passenden Icons versehen. Vorlage für verschiedene Hochzeitssymbole findet ihr im Internet, teilweise sogar kostenlos.

Ihr könnt die Timeline entweder schon vorab mit eurer Hochzeitseinladung an die Gäste verschicken oder auch im Kirchenheft abdrucken. Alternativ könnt ihr auch eine Kreidetafel beschriften und vor eurer Hochzeitslocation aufstellen.

Bei Sommerhochzeiten könnt ihr den Tagesablauf auch in Form eines schön gestalteten Fächers an eure Gäste verschenken. Dafür den Zeitstrahl einfach auf Karton, beispielsweise Kraftpapier, drucken, Vorder- und Rückseite des Fächers in der gewünschten Form zuschneiden und jeweils einen Eisstiel aus Holz dazwischenkleben. Anschließend könnt ihr den Fächer natürlich noch nach Belieben mit Seidenbändern versehen oder die Ecken für eine hochwertige Optik mit einem Eckenstanzer abrunden. Fertig ist das Gastgeschenk! In unserem Kapitel zu den Gastgeschenken, findet ihr auch noch mehr kreative Ideen zu diesem Thema.

SCHRITT 5: DIENSTLEISTER UND TRAUZEUGEN INFORMIEREN

Im Gegensatz zu euren Gästen benötigen eure Dienstleister und Trauzeugen eine detaillierte Version eures Ablaufplans. Ihr könnt diesen beispielsweise in Form einer Tabelle in Google Drive erstellen und an alle Beteiligten weiterleiten. Notiert am besten auch alle Namen, Zuständigkeiten und Telefonnummern, damit eure Trauzeugen am Hochzeitstag bei Bedarf darauf zurückgreifen können. Sobald der finale Ablaufplan feststeht – spätestens in der Woche eurer Hochzeit – bietet es sich an, den Ablaufplan nochmals kurz mit den jeweiligen Dienstleistern abzusprechen, um sicherzugehen, dass es keine Rückfragen mehr gibt. Ihr könnt den Ablaufplan natürlich trotzdem sicherheitshalber ausdrucken und an die Zuständigen aushändigen, damit seid ihr auf jeden Fall auf der sicheren Seite.

UND WENN DOCH ETWAS NICHT NACH PLAN VERLÄUFT?

Ein Tagesablauf ist für eine Hochzeit zwar essenziell, aber nicht in Stein gemeißelt. Macht euch daher keine Sorgen, falls doch nicht alles strikt nach Zeitplan verläuft. Manche Dinge lassen sich nun einmal nicht planen oder vorhersehen. Die Hauptsache ist doch, dass ihr und eure Gäste einen unvergesslichen Tag verbringt und ihn so gestaltet, wie ihr euch das wünscht. Daher kann es auch von Vorteil sein, euren Gästen nicht den kompletten Ablaufplan mitzuteilen, sondern lediglich die Höhepunkte eurer Hochzeit. So seid ihr zeitlich flexibel und erspart euch unter Umständen auch Rückfragen, falls sich der eine oder andere Programmpunkt zeitlich doch etwas verschiebt. Versucht daher, euch an eurem großen Tag auf das Wesentliche zu konzentrieren, nämlich auf euch und eure Liebe, und alles andere wird sich garantiert fügen!

DER ZEREMONIENMEISTER

Ihr möchtet allen euren Liebsten einen tollen, wunderbaren und unvergesslichen Tag gönnen? Dann solltet ihr über einen Zeremonienmeister nachdenken. Der Zeremonienmeister hält für euch die Zügel in der Hand. Er ist nur für den Ablauf an diesem Tag zuständig. Für nichts anderes. Gibt das nicht ein tolles Gefühl? Er behält alles im Blick, ist für alle Fragen da. Wichtig ist, dass der Zeremonienmeister zuverlässig und organisiert ist. Es kann eine Person sein, die ihr extra dafür engagiert oder ein Bekannter, der nicht zur Hochzeit eingeladen ist, dem ihr diese Aufgabe anvertraut. Für uns ist es eine der wichtigsten Aufgaben an diesem Tag. Auf unserer Website findet ihr daher unsere Zeremonienmeister, die euch gerne unterstützen.

Ablaufplan Hochzeit

Folgend findet ihr einen Ablaufplan, den wir für eine Hochzeit erstellt haben.
An dem könnt ihr euch orientieren.

UHRZEIT / WANN	AKTION / WAS	BEMERKUNG / WO	BETEILIGTE PERSONEN / WER
Donnerstag	Anlieferung der Schmetterlinge	Location	
Freitag	Aufbau Deko 10–20 Uhr	Dekorateur/Floristik	Thorsten
Freitag	Champagnergläser Abholung	Hochzeitsplaner	Franzi
Samstag	Aufbau Deko 2. Teil 8:00 Uhr	Dekorateur/Floristik	Thorsten
09:30	Abfahrt zum Standesamt	Wohnort	Brautpaar, Mutter, Kinder
10:00	Eintreffen Zeremonienmeister	Location	Viola & Franzi
10:00	Standesamtliche Trauung	Standesamtsort	Brautpaar, Mutter, Kinder
10:00	DJ Aufbau	Im Saal und Außenbereich Location	Wolfgang
10:30	Eintreffen Stylistin im Hotel	Aufbau in der Suite von BP	Stylistin
10:30	Limousine Standby	Wohnort	Chauffeur
11:00	Eintreffen Camila, Edi + Kevin	Lishka	Camila, Edi & Kevin
12:00	Beginn Fotografie/Videografie	im Brautzimmer im Hotel	Canan & Kem
13:00	Hochzeitsplaner letzter Schliff	Location	Viola & Franzi
13:30	Brautstrauß übergeben	in Brautzimmer	Viola & Franzi
14:00	Anlieferung der Torte	im Kühlhaus von Location	Konditorin
14:30	Styling Braut Ende	im Brautzimmer im Hotel	Styling
14:30	First Look Fotoshooting		Camila & Ralf +Foto-grafen/Videografen
14:30	Styling der Angehörigen	im Brautzimmer	Mama, Trauzeugen, Kinder
15:00	Ende Aufbau DJ	im Saal	Wolfgang
15:00	Eintreffen/Aufbau der Violinisten	vor der Location	Axel
15:00	Eintreffen/Aufbau Champagnerladies	vor der Location	Natalie
15:00	Eintreffen/Aufbau der Feuershow	vor der Location	Axel
15:00	Standby Brautauto	vor dem Hotel an Location	Chauffeur
15:30	Eintreffen/Positionierung der Security	Sicherheitspunkte von Location	Security
15:30	Ende First Look Fotoshooting	Location	Brautpaar, Fotograf und Videograf
15:30	Standby Champagner Ladies	vor der Location	Natalie
15:30	Standby Catering für Empfang	Location	Catering
15:50	Eintreffen der Limousinen mit den Gästen; Zufahrt muss frei sein	Zufahrt Location	Limousinenservice
16:00	Hochzeitsauto fährt vor, Zufahrt muss frei sein	Zufahrt Location	Brautpaar, Chauffeur
16:00	Einzug des Brautpaars	Location	Brautpaar

16:00	Start Violinistin und Champagnerladies	Location	Axel und Natalie
16:00	Empfang der Gäste/ Champagner+ Fingerfood	Caterer	Monrepos
16:30	Paarbilder/Gruppenbilder	an der Location	Canan & Kem
16:30	Aufwecken der Schmetterlinge	in der Location	Franzi
17:00	Schmetterlinge fliegen lassen/ Brautstrauß werfen	vor der Location	Brautpaar
17:30	Paarbilder/Gruppenbilder Ende		alle
17:30	Brautauto wird weg gefahren	Location	Chauffeur
18:00	Saaleröffnung; Seating; Getränkeservice	Location	Brautpaar
18:00	Butter und Brot auf Tische schon eingesetzt	im Saal	Caterer
18:00	Beginn Aufbau Feuershow	vor der Location	Axel
18:15	Begrüßung durch Brautpaar	im Saal	Brautpaar
18:30	Vorspeise I wird serviert/Salat	Caterer	Caterer
19:00	Rede von xy, yz		xy, yz
19:15	Vorspeise II/Tomatenessenz		
19:30	Essen für die Dienstleister	auf der Freitreppe	Caterer
19:35	Rede von xy		
19:50	Ankunft Dekoteam zum Umbau	vor der Location	Thorsten
20:00	Abbau der Tische auf der Treppe	vor der Location	Thorsten
20:00	Aufbau Fotobox	vor der Freitreppe	Yosi
20:00	Hauptgang/Fleisch & Fisch		Caterer
20:45	Beginn Fotobox		Yosi
21:00	Aufbau der Stühle für die Feuershow	auf der Wiese gegenüber der Location	Viola /Franzi
21:00	Ende Hauptgang		
21:30	Chauffeur bringt Geschenke zur Wohnadresse	Location	Limousinenservice
21:30	Gäste verlassen den Saal und gehen zu den Stühlen vor der Freitreppe		Alle
21:30	Umbau im Saal für Sweettable, Terassenbeleuchtung an		Thorsten
21:40	Fireartist: Show	Wiese vor Location	Axel B
22:00	Show fertig; Gäste kommen wieder in den Saal		Alle
22:30	Tortenanschnitt, Dessert	im grünen Saal	Alle
23:00	Ende Hochzeitsplaner		Viola & Franzi
00:00	Mitternachtssnack	Caterer	
00:00	Standby Shuttleservice	vor der Location	Chauffeur
00:00	Ende Fotografie und Videografie		Canan & Kem
Sonntag			
02:00	Ende Fotocaravan		Yosi
03:00	Ende DJ		Wolfgang
05:00	Ende Abbau DJ		Wolfgang
07:00	Abbau Deko	Dekorateur/Floristik	Thorsten
10:00	Schloss Übergabe	Dekorateur/Floristik	Thorsten

Papeterie

Die ersten Schritte auf dem Weg zur gemeinsamen Traumlocation führen über die Besichtigung und anschließende Reservierung. Denn wer eine detailverliebte Hochzeit planen möchte, muss zuerst die Location vor Augen haben. Die Auswahl des dazu passenden Farbkonzeptes ist der Grundstein des »roten Fadens« einer jeden Hochzeit. Die Hochzeitsfarben sorgen für genau die Stimmung, die ihr euch zu eurer Hochzeit wünscht. Sie geben dann den Leitfaden vor für die Wahl eurer Blumen, Details und der Papeterie.

Der rote Faden

Die Auswahl des Farbkonzepts für eure Location führt über unsere Moodboards, die ihr im Kapitel »Konzepte« findet. Die Wahl des Moodboards bleibt dabei euch überlassen, bestenfalls harmonieren die Farben mit dem Interieur der Location. Sicherlich ist euch ein Farbkonzept besonders ins Auge gestochen und ihr habt euch in die Farben und Visualisierungen verliebt. Dann seid ihr schon ein ganzes Stück vorangekommen. Diese ausgewählte Farbpalette solltet ihr während der gesamten Planung stets im Auge behalten, da sich die weiteren Schritte daran orientieren werden.

ÜBERBLICK DER PAPIERARTIKEL

Ob »Save the Date«-Karte, Hochzeitseinladung, Menükarte, Tischnummer oder Danksagung – die Hochzeitspapeterie ist unglaublich vielfältig. Um euch einen Überblick zu verschaffen, was alles unter die Rubrik »Papeterie« fällt, haben wir euch eine Aufstellung zusammengetragen, die die einzelnen Elemente auflistet:

- »Save the Date«-Karten
- Einladungskarten
- Einleger
- Karten mit Anfahrtsplan
- Post-Antwortkarten
- Briefumschläge, evtl. mit bedrucktem Innenfutter
- Hochzeitsprogramm
- Namenskarten/ Tischkärtchen
- Menükarten
- Getränkekarten
- Tischnummern
- Anhänger / Aufkleber für die Gastgeschenke
- Flaschen-Etiketten
- Tischplan
- Kirchenhefte
- Freudentränen-Taschentuch Banderolen
- Dankeskarten
- Gästebuch
- Girlanden
- Hochzeitsfächer
- Karten mit Glücksbotschaft
- Boxen für Gastgeschenke
- Wunderkerzen-Etiketten
- Ballonflugkarten
- Konfetti-Kegel
- Musikwunschkarten
- »Change the Date«-Karten
- Logo
- Sticker

Der Überblick über die Papeterie-Vielfalt zeigt, dass nahezu für alles etwas Passendes erstellt werden kann.

DIE »SAVE THE DATE«-KARTE

Ihr habt euch verlobt, euren Hochzeitstermin festgelegt und wollt diese erfreuliche Nachricht sobald wie möglich mit euren Gästen teilen, damit sie sich den Tag freihalten und dadurch möglichst viele an eurer Hochzeit teilnehmen können?

Dann ist die »Save the Date«-Karte genau das Richtige für euch. Bei dieser ursprünglich amerikanischen Tradition handelt es sich lediglich um eine erste Ankündigung eurer Hochzeit, weswegen der Text entsprechend kurz ausfällt. Die wichtigsten Informationen sind eure Namen, damit die Gäste die Karte auch zuordnen können sowie das Hochzeitsdatum. Sofern der Ort der Trauung bzw. der Hochzeitsfeier auch schon feststeht, könnt ihr diesen ebenfalls schon bekannt geben, damit eure Gäste ihre Anreise und ggf. auch schon mögliche Übernachtungen besser planen können. Wer den Gästen die Suche vereinfachen möchte, kann zusätzlich eine genaue Anfahrtsbeschreibung beilegen. Durch einen Zusatz wie »Mehr Infos folgen in Kürze« oder »Einladung folgt« gebt ihr euren Gästen zu verstehen, dass die »Save the Date«-Karte die Einladungskarte nicht ersetzt, sondern ihr lediglich vorangeht. In der Regel werden »Save the Date«-Karten sechs bis neun Monate vor der Hochzeit verschickt. Ein weiterer Vorteil der »Save the Date«-Karte ist, dass ihr nun genügend Zeit für die weitere Hochzeitsplanung und somit auch für den Versand der Einladungskarten habt, schließlich haben sich eure Gäste den Termin bereits vorgemerkt. Die »Save the Date«-Karte muss auch noch nicht endgültig zu eurem roten Faden passen.

TIPP

Fragt euren Papeterie Dienstleister vorab, ob die Produkte, die ihr gerne bei eurer Hochzeit haben möchtet, umsetzbar sind.

DIE EINLADUNGSKARTE

Die Einladungskarten dienen schon längst nicht mehr nur der Ankündigung des Hochzeitstermins. Sie sind ein Statement, sie geben einen Ausblick auf das Hochzeitsmotto, sie kündigen die Hochzeitsdeko an und geben somit einen Einblick in den Stil der gesamten Hochzeit.

Mit den Einladungskarten möchte man den Gästen mitteilen, was sie erwarten wird. Später, am Hochzeitstag, werden die Gäste den Stil, die Farbe und grundsätzliche Elemente, die sie bereits aus der Einladung kennen, in der Tischdeko, dem Sitzplan und den Menükarten wiederfinden.

Ganz gleich, ob ihr eure Karten individuell gestalten oder auf eine bereits vorhandene Designvorlage zurückgreifen und diese nach euren Wünschen anpassen wollt, besonders harmonisch wirkt es, wenn ihr die Gestaltung eurer »Save the Date«-Karte auch bei allen weiteren Elementen eurer Hochzeitspapeterie aufgreift.

Hier erfahrt ihr, auf welche Informationen ihr bei euren Einladungskarten auf keinen Fall verzichten solltet.

Der Text

Zu den wichtigsten Informationen gehören der Anlass, damit eure Gäste nach Erhalt der Karte sofort erkennen, dass sie zu eurer Hochzeit eingeladen sind, eure Namen und eure Kontaktdaten (Anschrift, E-Mail-Adresse und/oder Telefonnummer), das Datum, die Uhrzeit und der Ort der Trauung bzw. der Feier.

Falls ihr manche Gäste nur zur Trauung oder zum Sektempfang einladen wollt, nicht aber zur anschließenden Feier, solltet ihr das entsprechend kommunizieren oder ggf. zwei verschiedene Varianten der Einladung in Betracht ziehen. Wer darüber hinaus noch Platz auf der Einladungskarte übrig hat, kann den sachlichen Text noch mit dem individuellen Trauspruch oder einem emotionalen Gedicht oder Zitat ergänzen. Eine Auswahl klassischer, lustiger oder moderner Hochzeitssprüche findet ihr weiter unten.

Das Format

Die Wahl des Formats hängt neben dem jeweiligen Design auch vom Umfang der Einladungskarte ab. Während man sich bei der klassischen Klappkarte oder der modernen Einsteckkarte eher knapp halten muss, bieten Booklets oder Pocketfolds ausreichend Platz für weiterführende Informationen.

Behaltet bei der Auswahl des Formats jedoch auch immer die Versandkosten im Auge. Quadratische oder überlange Karten (Sonderformate) sowie Einladungen, die aus mehreren Karten bestehen und somit dicker und/oder schwerer sind, kosten in der Regel mehr als Standardbriefe. Beachtet aber auch, wie viele Briefe ihr überhaupt verschickt bzw. wie viele persönlich übergeben werden. Gegebenenfalls betrifft das höhere Porto nur sehr wenige Karten.

Die Extras

Ihr wollt eurer Einladung optisch noch den letzten Schliff verleihen? Wie wäre es zum Beispiel mit Briefumschlägen mit bedrucktem Innenfutter (sogenannten Inlays), verschiedenen Aufklebern (Adress- und Absenderaufkleber, Hochzeitsaufkleber mit Namen und Datum oder wahlweise auch mit eigenem Logo) oder echten, selbst gestalteten Briefmarken? Ihr habt die Qual der Wahl! Auch Satinbänder oder Jutebänder (je nach Design) und kleine Anhänger können eine Einladungen zu etwas ganz Besonderem machen.

Der Ablaufplan

Ihr wollt euren Gästen bereits mit der Einladungskarte einen groben Überblick über den Tagesablauf geben? Dann ist eine kurze Timeline genau das Richtige! Auf dieser könnt ihr die wichtigsten Programmpunkte des Tages mitsamt der Uhrzeit entweder nur als Text oder auch mit anschaulichen Symbolen ergänzen.

Ein Ablaufplan bietet sich vor allem auch dann an, wenn ihr bzw. eure Gäste die Location ein- oder auch mehrfach wechseln werdet, beispielsweise für das Standesamt, die Kirche oder die freie Trauung und die Feier danach. Auch weitere große Programmpunkte, wie beispielsweise der Sektempfang, das Brautpaarshooting, der Anschnitt der Hochzeitstorte, das Abendessen, der Eröffnungstanz oder der Brautstraußwurf, finden hier ihren Platz.

Falls der genaue Ablauf eurer Hochzeit jedoch erst später feststehen sollte, könnt ihr die Timeline natürlich auch ggf. in euer Kirchenheft integrieren oder in Form eines gerahmten Posters auf einer Staffelei oder einer selbst beschriebenen Tafel am Eingang des Standesamts oder der Location aufstellen.

Die Antwortkarte

Je nach Gästeanzahl verliert man schnell den Überblick über die Zu- und Absagen. Eine Antwortkarte mit vorformulierten Texten zum Ankreuzen, die mitsamt der Einladungskarte an die Gäste verschickt wird, kann dabei schnell Abhilfe verschaffen. Neben gängigen Formulierungen wie »u. A. w. g.« (um Antwort wird gebeten) oder »R.s.v.p« (répondez s'il vous plaît – französisch für »bitte antworten«) solltet ihr zudem eine Frist vermerken, bis wann ihr die Antwortkarte spätestens benötigt, um eure Feier weiter planen zu können (»Wir bitten um Antwort bis zum [Datum].«). Zwei bis vier Wochen nach Erhalt der Einladungskarte sollten ausreichend sein.

Da sich die Einladungen oftmals nicht nur an Einzelpersonen, sondern an Paare oder ganze Familien richten, ist es sinnvoll, auch die genaue Personenanzahl (Erwachsene und Kinder) abzufragen.

Neben den Zu- und Absagen könnt ihr auch noch weitere Informationen auf der Antwortkarte abfragen, beispielsweise mögliche Hotelreservierungen (Einzel-, Doppel- oder Familienzimmer), Essenswünsche im Falle eines Menüs oder auch Ernährungsgewohnheiten und Allergien.

Wer die Kosten für die Gäste möglichst gering halten möchte, versieht die Antwortkarten bereits mit einer Briefmarke oder legt einen frankierten Briefumschlag in der entsprechenden Größe bei. Bitte beachtet jedoch in diesem Fall: Je mehr ihr eurer Einladungskarte beilegt, desto teurer wird auch der Versand.

Auf unserer Website findet ihr eine fertige Masterliste, in die ihr alle Antworten eintragen könnt, damit euch keine Informationen verloren gehen.

Allgemeines & Organisatorisches

Weiterführende Informationen, wie eine kurze Anfahrtsbeschreibung oder auch mögliche Hotelempfehlungen, könnt ihr auf der Rückseite der Einladungskarte oder des Ablaufplans sowie auf einer separaten Karte vermerken.

Zudem könnt ihr hier die Namen und Kontaktdaten eurer Trauzeugen oder Ansprechpartner vor Ort angeben, damit eure Gäste wissen, an wen sie sich bei Rückfragen oder auch – sofern gewünscht – bei der Vorbereitung und Durchführung von Beiträgen wenden können. Wer keine Hochzeitsspiele oder sonstigen Überraschungen wünscht, sollte das an dieser Stelle ebenfalls offen kommunizieren.

Der Dresscode

Wird auf der Einladungskarte auf ein bestimmtes Motto oder einen Dresscode – von »*Casual Chic*« bis »*Black Tie*« – hingewiesen, gehört es zum guten Ton, sich als Gast auch entsprechend zu kleiden. Grundsätzlich gilt jedoch: Braut und Bräutigam sollten an ihrer Hochzeit im Mittelpunkt stehen dürfen und daher nicht von ihren Gästen »übertrumpft« werden. Weiße oder cremefarbene Kleider sind der Braut vorbehalten und müssen daher im Schrank bleiben. Weibliche Gäste sollten zudem auf aufreizende Kleidungsstücke wie kurze Röcke oder tiefe Ausschnitte verzichten und auch beim Make-up ist weniger mehr. Bei Männern gilt prinzipiell Anzugpflicht. Achtung: Solange der Bräutigam sein Jackett anbehält, gilt diese Regelung auch für die männlichen Gäste, selbst bei sommerlichen Temperaturen!

Ob elegant in Abendgarderobe, traditionell in Tracht oder nach einem bestimmten Farbschema – wer einen speziellen Dresscode wünscht, kann diesen ebenfalls auf der Karte vermerken. Eure Gäste werden euch diese kleine Orientierungshilfe sicherlich danken, denn so muss sich niemand over- oder underdressed fühlen.

Geschenkewünsche

Die Einladungskarte ist außerdem die perfekte Gelegenheit, um eure Gäste über eure Geschenkwünsche zu informieren. Während es früher üblich war, dass das Brautpaar in einem Kaufhaus seiner Wahl einen sogenannten Hochzeitstisch mit allen Wünschen zusammengestellt hat, aus denen die Gäste dann ein Geschenk auswählen konnten, wurde dieser zwischenzeitlich fast nahezu vollständig vom virtuellen Hochzeitstisch abgelöst. Falls ihr euch auch für einen (traditionellen oder virtuellen) Hochzeitstisch entschieden haben solltet, könnt ihr die Adresse des Geschäfts oder den Link zur jeweiligen Website ebenfalls hier einfügen.

Auf einen Blick

»Save the Date«-Karte

- Wann wird geheiratet?
- Wer heiratet?
- Wo wird geheiratet? (Falls es im Ausland oder weiter weg stattfindet, denn die Gäste müssen evtl. übernachten).

Einladungskarte

Inhalt

- Name der Braut, Name des Bräutigams
- Ort, Datum und Uhrzeit der Trauung sowie der Hochzeitsfeier
- Kontaktdaten der Trauzeugen für Überraschungen oder Beiträge des Tages
- Geschenkewunsch
- Anfahrtsskizze, Wegbeschreibung und wichtige Ortsinformationen (etwa zum Parkplatz)
- Informationen zu Übernachtungsmöglichkeiten
- Datum für eine Rückantwort
- Kontaktdaten des Brautpaares
- Kinder: erwünscht/ Babysitter oder falls keine Kinder erwünscht sind, bitte hier schon entsprechende Hinweise
- Dresscode
- (optional): Trauspruch

TEXTVORSCHLÄGE

Sprüche für Geldwünsche

*»Unser Haushalt ist komplett,
daher fänden wir es sehr nett,
wenn Ihr nichts kauft, was Schränke füllt,
stattdessen etwas gebt,
wofür sich Träume leben ließen,
die ohne Euch sonst weiterschliefen.«*

»Ein Beitrag zur Hochzeitsreise im Kuvert – das wäre nett, wir danken sehr.«

»So mancher Gast wird sich wohl denken: »Was sollen wir dem Brautpaar schenken?« Am liebsten wäre uns fürwahr, nebst guten Wünschen eine Kleinigkeit in bar.«

*»Man lädt nicht ein zum Hochzeitsfest,
damit man sich beschenken lässt,
wollt Ihr es trotzdem, weil's so Sitte,
dann haben wir die eine Bitte,
zerbrecht Euch nicht erst lang den Kopf,
wir haben Schüsseln, Gläser, Topf.
Für diesen guten alten Brauch,
da tut's ein »kleines Schweinchen« auch.«*

»Am meisten würden wir uns über einen finanziellen Beitrag für den Start ins Eheleben freuen.«

*»Damit das Schenken nicht wird zur Qual,
ist Geld die allerbeste Wahl!«*

Dresscode-Wünsche

»Wir feiern in festlichem Ambiente und bitten am Abend um entsprechende Garderobe.«

»Dresscode: festlich & schick«

»Dresscode: fröhliche Sommerfarben«

»Dresscode Black Tie: Smoking & edles Abendkleid sind erwünscht«

»Wir möchten, dass Ihr euch wohl fühlt. Wenn Ihr aber einen kleinen Farbtupfer in Türkis zu Eurem Outfit ergänzt, macht Ihr uns eine große Freude.«

»Wir feiern eine Hochzeit mit bayerischem Motto und würden uns sehr freuen, Euch hierzu passend gekleidet begrüßen zu dürfen.«

»Dresscode White Tie: Frack & bodenlanges Abendkleid sind erwünscht.«

Hotelempfehlungen

»Wir haben bereits Hotelzimmer für Euch vormerken lassen.

Hotel zum Apfelbaum
Apfelbaumstraße 1
12345 Apfelhausen
0123 – 45 67 89
EZ = 55 €
DZ = 75 €
Ferienwohnung: 90 €

Musterstadt Hotel
Musterstraße 32
54321 Musterstadt
0987 – 65 43 21
EZ = 80 €
DZ = 125 €

Bitte reserviert Eure Zimmer im Hotel Eurer Wahl bis zum …«

»Für alle, die mit uns bis in die frühen Morgenstunden feiern wollen, stehen folgende Übernachtungsmöglichkeiten zur Verfügung.«

»Damit wir lange und ausgiebig feiern können, haben wir für Euch alle Hotelzimmer reserviert.«

»Für das leibliche Wohl und die Unterkunft der von weit Anreisenden ist natürlich gesorgt.«

»Übernachtungsmöglichkeiten direkt vor Ort haben wir für euch im Gasthof Musterstein reserviert.
Telefon: 1234-56789
Doppelzimmer ab 65 €«

»Schlafen werdet ihr recht nett,
in dem von uns reservierten Bett.
Dies steht bereit für euch,
Hotel Apfelbaum freut sich auf unsere Leut'.«

Rückantwort der Gäste

»Um uns das Planen zu erleichtern, bitten wir Euch um Eure Zu- oder Absagen bis zum …«

»Wir bitten um Antwort bis zum …«

»Eines ist doch klar: Wer nicht absagt, der ist da.«

»Wir freuen uns auf Euer Kommen und bitten um Antwort bis zum .... ob wir mit Euch rechnen dürfen.«

Alternativ könnt Ihr euren Gästen mit einer extra Antwortkarte verschiedene Möglichkeiten zum Ausfüllen oder Ankreuzen vorgeben.

- *o Ja, ich/wir kommen gerne mit ____ Personen.*
- *o Ja, ich/wir brauche/n eine Unterkunft.*
- *o Nein, ich/wir kann/können leider nicht kommen.*

Wir entscheiden uns für das Menü (bitte ankreuzen und uns kurz mitteilen, für wie viele Personen das jeweilige Menü gewünscht wird)
- *o Fisch __*
- *o Fleisch __*
- *o Vegetarisch __*
- *o Kindermenü __*

- *o Bitte beachtet folgende Allergien/ Unverträglichkeiten: ______________*

ABLAUF DER FEIER

»Für den Transport von der Kirche zu unserer Location und zu später Stunde haben wir einen Shuttlebus organisiert – Ihr könnt also ausgiebig mit uns feiern.«

»Möchtet ihr unseren Tag ein wenig mitgestalten? Setzt euch doch bitte mit unseren Trauzeugen .... und .... in Verbindung: 010/123456.«

»Unsere Trauzeugen .... und .... werden uns bei der Organisation unserer Hochzeit unterstützen. Bitte wendet euch mit kreativen Ideen und unterhaltsamen Beiträgen an sie.«

»Kinder sind natürlich gern gesehene Gäste. Damit Eltern und Kinder das Fest genießen können, organisieren wir nachmittags eine Kinderbetreuung.«

»Für diejenigen, die über Nacht bleiben, findet zum Ausklang unserer Hochzeitsfeier am Sonntag ab 10 Uhr ein Frühstücksbrunch statt.«

MUSTERTEXTE FÜR DIE EINLADUNG ZUR HOCHZEITSFEIER

NUR FÜR DIE FEIER

Wir laden Euch herzlich ein zu unserer Hochzeit am 08. August 2021..

Wir werden um 14 Uhr standesamtlich im Kreise der Familie getraut, denn es ist nur wenig Platz.

Anschließend aber laden wir vorm Standesamt zum Sektempfang.

Wir freuen uns, Euch zur abendlichen Feier im Landgasthof Musterstein begrüßen zu dürfen.

Matilda & Niklas

NUR FÜR DIE KIRCHLICHE TRAUUNG UND FEIER

Matilda & Niklas

Wir heiraten/ wir geben uns das Ja-Wort am 08. August 2021 und würden uns freuen, wenn Ihr diesen besonderen Tag mit uns feiert.

Die standesamtliche Trauung findet um 14 Uhr im kleinen Kreis statt.

Danach laden wir Euch zur kirchlichen Trauung um 16 Uhr in die Musterstein Kirche ein.

Wir feiern unseren Start in die Ehe im Hotel Lichtenstein ab 19 Uhr.

FÜR DAS STANDESAMT, KIRCHLICHE TRAUUNG UND FEIER

Wir heiraten am 08. August 2021 um 11 Uhr im Standesamt Musterstein.

Die kirchliche Trauung findet ebenfalls am 08. August 2018 um 15 Uhr in der Kirche Musterstein statt.

Zur anschließenden Feier im Hotel Musterstein laden wir Euch herzlich ein.

Herzlichst
Matilda & Niklas

TEXTBEISPIELE FÜR EURE HOCHZEITSEINLADUNG NACH STIL

Originell

Eine zufällige Begegnung?
Liebe auf den ersten Blick!

Wir heiraten am 08.08.2018 um 14 Uhr
auf dem Standesamt Musterstein.

Diesen besonderen Tag möchten wir anschließend
mit all unseren Freunden und Verwandten im
Landgasthof Musterstein, Musterstraße 12
in Musterstadt feiern. Dazu laden wir
euch herzlich ein.

Gebt uns bitte bis zum .... eine
Rückmeldung, ob ihr dabei sein werdet.

Das Brautpaar
Matilda & Niklas

Wenn man die Liebe seines Lebens
gefunden hat, sollte man daran festhalten.
Also worauf noch warten?

Die Adresse bleibt die gleiche,
die Bewohner auch, doch etwas ändert sich …

Matilda und Niklas heiraten!
Am 08.08.2018 um 14 Uhr
im Standesamt Musterstein.

Diesen besonderen Tag möchten wir anschließend
mit euch im Landhotel Musterstein feiern.

Bitte gebt uns doch bis zum .... Bescheid,
ob Ihr dabei seid.

Wir freuen uns auf euch!

Unser Ja ist ein Ja.

Kein jaja, kein vielleicht, kein eventuell
und auch kein naja.

Wir sind uns vollkommen sicher, dass wir von nun
an unser Leben gemeinsam gestalten und verbringen
möchten und sagen deshalb am 08. August 2018
um 12 Uhr in der Kirche St. Musterstein
JA zueinander.

Wir laden hiermit alle unsere Liebsten ein,
um diesen Tag mit uns gemeinsam zu feiern.
Die Hochzeitsfeier findet im Landgasthof
Musterstein statt.

Wir freuen uns auf euer Kommen.
Das Brautpaar,
Matilda & Niklas

»Nach 3565 Tagen ist es nun so weit, wir heiraten!«

»Eigentlich war es schon vielen klar, doch nun sagen wir auch offiziell JA!«

»Unsere Junggesellenzeit endet am 08.08.2018«

»Die Ehe funktioniert, wenn es den Eheleuten immer wieder gelingt, Pflicht in Kür zu verwandeln.«
KURT WILDNER

Lustig

Elegant

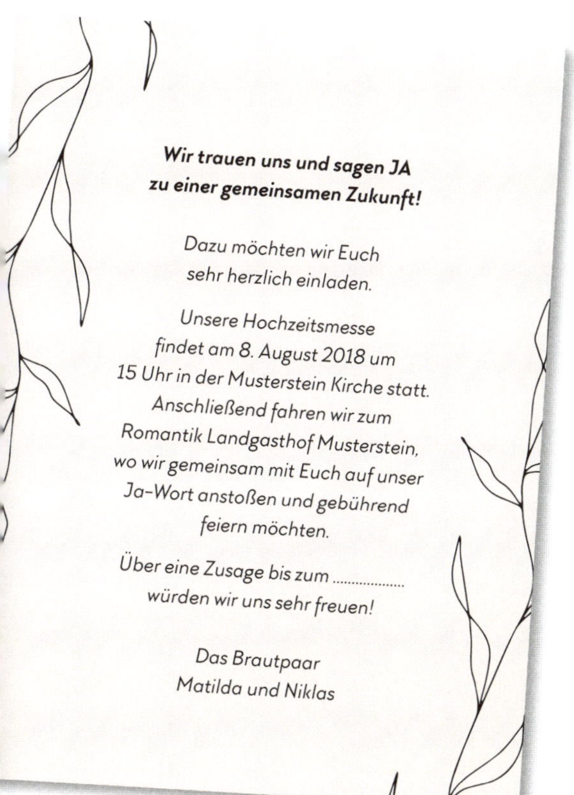

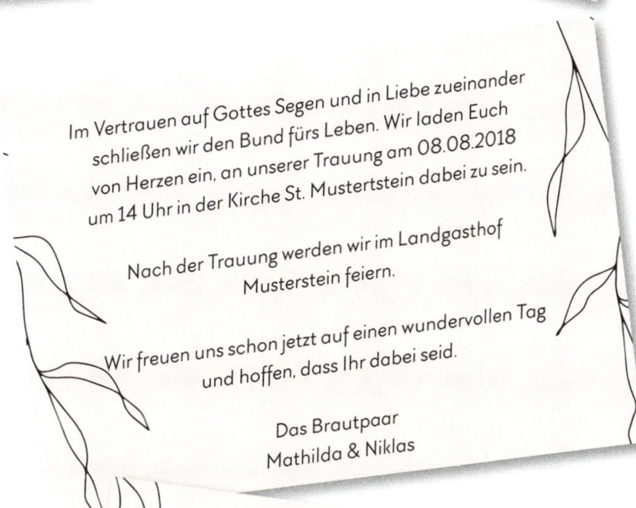

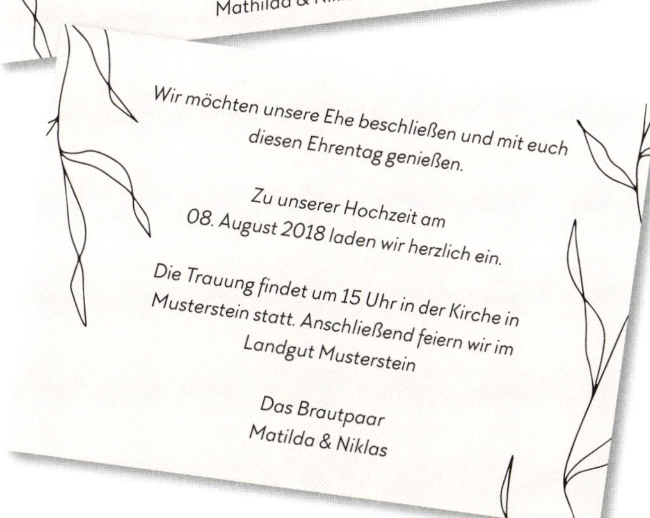

Ironisch

Nach .... Probejahren trauen wir uns endlich!

Im engen Kreis der Familie werden wir uns am .... das Ja-Wort im Standesamt Musterstein geben. Anschließend werden wir gemeinsam mit unseren Freunden feiern und laden Euch herzlich ein, im Landgasthof Musterstein ab 15 Uhr unsere Gäste zu sein.

Auf Eure Rückmeldung freuen wir uns bis zum ....

Das Brautpaar
Matilda & Niklas

Die wilde Ehe ist nun endgültig vorbei!

Wir haben uns nun lange genug beschnuppert ...
... jetzt wird geheiratet!

Keiner ist so verrückt, dass er nicht einen noch Verrückteren fände, der ihn versteht.
HEINRICH HEINE

Voller Spannung erwartet,
auf vielfachen Wunsch und doch
aus eigenem Willen – wir heiraten!

Wir möchten unser Beisammensein legalisieren und Euch ganz herzlich zu unserer Hochzeit am 08. August 2018 einladen.

Nach langer Überlegung und Probezeit ist es nun so weit ... Wir heiraten!

Verliebt - 21.10.2010
Verlobt - 18.06.2017
Verheiratet - 08.08.2018

Liebe Freunde,
am 08. August 2018 werden wir uns auf der Apfelwiese des Landhotels Musterstein um 15 Uhr das Ja-Wort geben.Anschließend möchten wir mit euch in entspannter Atmosphäreim Freien feiern.

Wir würden uns freuen, wenn Ihr diesen besonderen Tag mit uns verbringt und freuen uns auf eure Rückmeldung bis zum ....

Das Brautpaar
Matilda & Niklas

Modern

Wir heiraten ...

... und Ihr sollt auf jeden Fall dabei sein!

WO:
Kirche zu Musterstein

WANN:
18. August 2018 um 15 Uhr

WARUM:
... weil wir zusammen alt und glücklich werden möchten!

Zur Trauung und anschließenden Feier im Landgasthof Musterstein ab 16 Uhr laden wir sehr herzlich ein. Auf Euer Kommen freuen sich schon jetzt

Matilda & Niklas

Juchhu, es wird geheiratet!

Am 18.08.2018 sagen wir »Ja« zueinander im Standesamt Musterstein. Wir freuen uns, wenn Ihr dabei seid und ab 15 Uhr im Landgasthof Musterstein mit uns feiert, anstoßt, Torte esst und das Tanzbein schwingt.

Wir freuen uns auf Eure Zusagen bis zum ....

Euer Brautpaar
Matilda & Niklas

Wir werden zusamm
Leben gehen und fr
wenn Ihr mit uns fei

Wir träumen von ein
gemeinsamen Zukun
und werden diese
Wirklichkeit werden

Mit unserem fröhlic
gehen wir unserem g
samen Leben entgeg

Live, love, laugh.
Unsere Liebe ist ein

Romantisch

Jemanden lieben heißt, ein
für die anderen unsichtbares
Wunder zu sehen.«

MAURIAC

Das Schönste aber hier auf Erden,
ist lieben und geliebt zu werden.

WILHELM BUSCH

Die Liebe erträgt alles,
glaubt alles,
hofft alles, hält allem Stand.
Die Liebe hört niemals auf.

1. KORINTHER 13, 7–8A

Ein Mensch für sich allein ist
nichts, zwei Menschen, die zusam-
mengehören, sind eine Welt.

UNBEKANNT

Einzeln sind wir Worte,
zusammen ein Gedicht.

GEORG BYDLINSKI

Ewig Dein.
Ewig mein.
Ewig uns.

LUDWIG VAN BEETHOVEN

Wenn zwei Menschen zugleich
anfangen, einander zu lieben,
das ist ein großes Glück.

MARIE VON EBNER-ESCHENBACH

Gesucht und gefunden –
in Liebe verbunden.

UNBEKANNT

Das Hochzeits-ABC

Das Hochzeits-ABC ist eine witzige Variante, um wichtige Infos nicht zwingend in den Einladungstext zu schreiben, sondern in Form einer alphabetischen Auflistung der Einladung anzuhängen. Hier habt ihr die Möglichkeit, wichtige Punkte wie Brautentführung oder Geldgeschenke einfach zu vermitteln. Anbei haben wir euch zu jedem Buchstaben des Alphabets ein paar Möglichkeiten zusammengetragen:

A

- Anreise erfolgt bis xx.xx Uhr in x
- Ansprechpartner für alle Fragen sind x und x.
- Ablaufplan
- Abendgarderobe ist erwünscht.

B

- Brautentführung finden wir nicht so toll.
- Babys und Kinder erhalten ein extra Kindermenü.
- Babystühle sind ausreichend vorhanden.
- Brunchen: Am nächsten Tag findet ein Brunch statt. Meldet Euch bei uns, wenn Ihr teilnehmen möchtet.

C

- Creme ist die Farbe des Brautkleides.
- Christliche Trauung wird es nicht geben, denn wir heiraten nur standesamtlich.
- Champagner steht parat.

D

- Dresscode
- Diabetiker finden bei uns auch etwas Leckeres. Sagt Bescheid, wenn Ihr bestimmte Wünsche habt.

E

- Einladung: Wir freuen uns auf eine Antwort bis zum xx.xx.
- Einladen möchten wir nicht nur Euch, sondern auch Eure Partner.
- Essen: Es gibt ein üppiges Büfett/ ein ausgewähltes Menü der Varianten zur Auswahl stellen
- E-Mail-Adresse haben wir extra für unsere Hochzeit eingerichtet: ...

F

- Fotografieren ist erwünscht. Bitte schickt uns nach der Hochzeit gern all Eure Fotos!
- Farben wie Weiß und Creme wollen wir an diesem Tag nur an der Braut sehen.
- Farben: Eukalyptus und Gold sind die Farben des Abends

G

- Gästebuch: wird am Abend ausliegen. Wir freuen uns auf viele Einträge!
- Geschenke: Geldgeschenkesprüche
- Geld: Bitte seht von Geldgeschenken ab und spendet stattdessen an die Organisation ...

H

- Hunger soll keiner leiden. Sagt Bescheid, wenn Ihr irgendwelche Unverträglichkeiten habt oder vegan essen möchtet.
- Hotelzimmer buchen wir für Euch.
- Hotels: Vorschläge für die Übernachtung findet Ihr auf der Einladungskarte.

I

- Ideen für unsere Hochzeitsfeier werden gerne angenommen.
- Internet: Für alle, die unsere Hochzeit live posten wollen: WLAN ist vorhanden.
- Internet: Hier haben wir uns kennen gelernt.

J

- Junggesellinnenabschied: Fragt die Trauzeugen, was geplant ist!

K

- Kleiderordnung: Die haben wir nicht. Tragt, worin Ihr Euch wohlfühlt.
- Kolonne: Wir erwarten ein tolles Hupkonzert!
- Kirchenhefte zur Hochzeit werden verteilt.

L

- Lustig soll es werden. Bringt gute Laune mit!
- Lautes Klingeln während der Trauung würde stören. Also bitte das Handy ausschalten!

M

- Musikwünsche bitte direkt an den DJ richten.
- Mitfahrgelegenheit: Für diese ist gesorgt. So müsst Ihr nicht durch die Stadt laufen.

N

- Nachwuchs: Kinder sind auf unserer Hochzeit natürlich gern gesehen.
- Nummern: Unter den folgenden Nummern erreicht Ihr uns bei Fragen: …
- Nächste Braut wird diejenige, die den Brautstrauß fängt.

O

- Ohne unsere Trauzeugen x und y läuft gar nichts.
- Ohne Liebe geht es nicht!
- Organisation: Diese haben unsere Trauzeugen x und y übernommen.
- Originelle Ideen sind immer willkommen!

P

- Pünktlichkeit wäre an unserem großen Tag wunderbar!
- Polterabend: Wir lassen es richtig krachen! Packt Euer altes Geschirr ein und kommt am xx.xx. zu unserem Polterabend.
- Programmpunkte sind …

Q

- Quartiere für die Übernachtung buchen wir für Euch!
- Qualifiziert haben wir uns für die Ehe nach x Jahren Probe.
- Qualm: Für die Raucher unter Euch gibt es spezielle Raucherbereiche.

R

- Rückmeldungen erbitten wir bis zum xx.xx.
- Reise nach Jerusalem spielen wir heute nicht, dafür aber andere witzige Hochzeitsspiele!
- Reden: Über ein paar emotionale Worte freuen wir uns!
- Rosenblätter zu werfen ist leider nicht erlaubt.

S

- Spiele: Hochzeitsspiele finden wir witzig. Also nur her mit den Überraschungen!
- Schenken: Am meisten freuen wir uns über den einen oder anderen Geldschein.
- Spaß werden wir alle haben.

T

- Tanzen ist ausdrücklich erwünscht.
- Tanzen: Den Hochzeitstanz haben wir bereits einstudiert.
- Taschentücher braucht Ihr hoffentlich nur wegen der Freudentränen.

U

- Unterstützung: Die Planung einer Hochzeit kann ganz schön aufwändig sein. Wir freuen uns über Ratschläge, Tipps und Hilfe.
- Unterbringung: Wer noch Tipps für ein Hotel benötigt, meldet sich bei uns!

V

- Vater der Braut: Er führt x zum Traualtar.
- Videos dürfen gemacht werden.
- Vegetarier und Veganer werden bei unserem Büfett auch fündig.

W

- Wegbeschreibung findet Ihr anbei.
- Wir freuen uns auf einen wunderschönen Tag.
- Wir bedanken uns schon jetzt für Euer Kommen.
- Weißes Kleid – trägt nur die Braut.

X

- X-beliebige Fragen haben wir beantwortet. Habt Ihr weitere, meldet Euch bei uns!
- XY-ungelöst: Habt Ihr noch Fragen und Wünsche, meldet Euch bei uns!
- X-trem viel Spaß werden wir an unserem großen Tag haben.
- Xylophone werden nicht verteilt. Für gute Musik ist der DJ verantwortlich.

Y

- Nicht der einfachste Buchstabe im Hochzeits-ABC.
- Yippie, wir heiraten!
- Youngster: Auch Kinder sind auf unserem Fest gern gesehene Gäste.
- Yeah, wir wagen den nächsten Schritt!

Z

- Zuletzt möchten wir Euch sagen, dass wir uns sehr auf unsere Hochzeit freuen!
- Zum Schluss möchten wir allen danken, die uns unterstützen!
- Zeremonienmeister ist x.

Die Schrift

Nachdem ihr die Textvorlagen und einzelnen Elemente herausgesucht habt, kommen wir nun zur Schrift. Ihr könnt eure Einladungskarten damit sehr individuell gestalten. Große Hilfestellung können wir euch leider bei dem Thema nicht leisten, denn den Dschungel der Möglichkeiten und das Chaos der Kreativität müsst ihr alleine besiegen.

Bei den meisten Papeterie Herstellern gibt es schon eine große Auswahl an verschieden Schriftarten, aus denen problemlos und kostenlos eine ausgewählt werden kann. Hierbei ist die Herausforderung groß, Schriftarten effektiv zu kombinieren. Wenn es darum geht, Schriftarten zu verwenden und miteinander zu kombinieren, muss man unbedingt 3 Zusammenhänge zwischen Schriften beachten:

1. ***ÜBEREINSTIMMUNG:***
   Die gesamte Schrift in einem Design ist gleich.
2. ***GEGENSÄTZLICHKEIT***:
   Zwei oder mehr Schriftarten, die unterschiedlich sind, aber gut zusammen funktionieren.
3. ***KOLLIDIEREND***:
   Zwei Schriftarten, die sich zu ähnlich sind, um zu funktionieren.

TIPP

Schreibschriften sollten eher als Schmuckschriften und nicht für den eigentlichen Haupttext verwendet werden, da die Lesbarkeit teilweise recht schlecht ist.

TIPPS ZU SCHRIFTARTEN

- Grundsätzlich wird empfohlen, nicht mehr als drei Schriftarten in einem Design zu verwenden. Wenn eine Schriftart ausgewählt wurde, zieht sie sich durch die gesamte Papeterie.
- Achte auf den Kontext und behalte diesen bei. Welche Botschaft soll die Schrift tragen?

Wir haben euch unsere Lieblings-Schriftarten, auch Fonts genannt, hier ausgewählt.

1 Wir heiraten!

WIR HEIRATEN! 2

3 Wir heiraten!

4 Wir heiraten!

Wir heiraten! 5

6 Wir heiraten!

Wir heiraten! 7

WIR HEIRATEN! 8

9 WIR HEIRATEN!

Wir heiraten! 10

Wir heiraten! 11

12 Wir heiraten!

Wir heiraten! 13

14 Wir heiraten!

Wir heiraten! 15

Wir heiraten! 16 Wir heiraten! 17

Wir heiraten! 18

19 Wir heiraten! 20 Wir heiraten!

1 Gill Sans
2 Perpetua Titling
3 FFF Tusj
4 ClementePDaa
5 Garamond
6 1942 report
7 Helvetica Neue
8 Avenir
9 Abril Fatface TT
10 Oriya MN
11 Zapfino
12 Berkshire Swash
13 Alex Brush
14 Abuget
15 ChopinScript
16 Sudestada
17 Splendid ES
18 Carpenter Script
19 Young Love ES
20 Windsong

ÜBERBLICK ÜBER DIE MATERIALIEN

Das Papier

Die Papierarten und deren Vielfalt sind ein sehr großes und breites Themenfeld. Ein wichtiger Punkt bei der Wahl der Papeterie ist das Papiergewicht, auch Grammatur genannt. Die Grammatur-Angabe von z. B. 70–400 g, bedeutet nicht, dass eine Einladungskarte später 400 g wiegt, sondern sie stellt das Gewicht eines Quadratmeters dieses Papiers dar. Im Allgemeinen werden Papiere ab 150 g/m² als Karton bezeichnet und ab 600 g/m² als Pappe.

Diesen Punkt der Grammatur solltet ihr beachten, wenn ihr eure Hochzeitseinladungen per Post versenden möchtet. Dabei zählt, je höher die Grammatur des Papiers, desto höher wird das Gesamtgewicht der Karte. Wichtig ist an dieser Stelle aber zu sagen, dass nicht jedes 300 g/m² Papier gleich steif und dick ist. Es gibt 300 g/m² Papiere, die sehr dünn und »labil« sind und es gibt auf der anderen Seite sogenannte Volumenpapiere, die sehr dick und ggf. auch steif sind. Die Grammatur eines Papiers sagt nur etwas über das Gewicht aus, nie über die Stärke und Steifigkeit des Papiers. Hier sollten vorab Muster angefordert werden.

Im Folgenden findet ihr einige Papiersorten aufgelistet, um einen kurzen Überblick über die verfügbare Auswahl zu bekommen.

NATURPAPIER

Das Naturpapier ist ein sehr hochwertiges Papier, welches nicht mit einer Oberflächenveredlung versiegelt (der sogenannten Strich) wurde. Dadurch ist es sehr gut geeignet für Hochzeitskarten, die noch selbst beschriftet werden. Zusätzlich ist es für Kopierer und Inkjet- sowie Laserdrucker geeignet. Die Oberfläche ist rau und matt, wodurch eine edle Optik und eine schöne Haptik entsteht. Es ist ab einer Grammatur von 80 g/m² erhältlich.

BILDERDRUCKPAPIER

Bei dem Bilderdruckpapier kann die Oberflächenstruktur individuell gewählt werden. Es besteht die Möglichkeit, zwischen glänzendem oder mattem Anstrich zu wählen. Daher ist die Oberfläche glatt und geschlossen, was das nachträgliche Beschreiben, Bedrucken oder Bestempeln erschwert. Dafür sind bei diesem Papier die Kontraste meist brillant und gestochen scharf. Es ist ab einer Grammatur von 170 g/m² bis 400 g/m² erhältlich.

LEINENSTRUKTURPAPIER

Diese Papierart hat eine Struktur in Leinenoptik. Dadurch fasst sich das Papier besonders interessant an und verleiht der Einladungskarte eine besondere Optik. Das nachträgliche Beschreiben, Bedrucken oder Bestempeln wird durch die Struktur erschwert.

© Carinocards

KRAFTPAPIER

Das Kraftpapier ist das robusteste und widerstandsfähigste Papier, auch bekannt als Papiertüte eines Wochenmarktes. Es hat deutlich sichtbare Fasern und gröbere Holzeinschlüsse als die anderen Papiersorten, was dem Papier einen eigenen Charakter verleiht. Es wirkt sehr edel und bodenständig. Das Papier bleibt unbeschichtet und ist dadurch für späteres Beschreiben, Bedrucken und Bestempeln sehr gut geeignet. Jedoch sollte darauf geachtet werden, dass die Farbe für die Beschriftung nicht zu flüssig ist, da sie sonst zerfließt und es schnell zu großen Flecken kommen kann. Das Bedrucken dieser Materialien ist eine Herausforderung, da das Grundmaterial braun ist. Wenn z. B. ein Foto mit einem weißen Kleid gedruckt werden soll, entsteht das Weiß vom Kleid im normalen Druck durch die weiße Papierfarbe. Normale Drucksysteme drucken kein Weiß. Es muss also in diesem Fall ein Drucker gefunden werden, der die Farbe Weiß drucken kann, sodass das Kleid auch weiß und nicht braun erscheint. Weiterhin ist zu beachten, dass Kraftpapier in der Regel ein Recyclingmaterial ist, bei dem es zu Farbschwankungen im Material kommen kann. Das Braun der Einladungskarten kann also ein anderes Braun sein, als es dann 3 Monate später bei den Menükarten zum Einsatz kommt.

BÜTTENPAPIER

Das echte Büttenpapier ist die hochwertigste Art der Einladungskarte. Sie wird gerne in Adelshäusern als Papierart eingesetzt. Sie ist sogleich auch die älteste Papierart. Echte Bütten vermitteln eine traditionelle Wertigkeit, werden handgeschöpft und gepresst. Die Oberfläche ist halbmatt gerippt oder wild gerippt, weshalb das Papier sehr weich in der Hand liegt. Der echte typische Büttenrand entsteht durch die von Hand gerissenen Kanten. Für das Beschreiben, Bedrucken und Bestempeln ist das Büttenpapier sehr gut geeignet. Die Farbbrillianz ist eher reduziert. Im professionellen Druck in Druckereien ist das Bedrucken von Büttenpapier sehr aufwendig, da bei den eingesetzten Druckmaschinen der typische ausgefranste Büttenrand nicht optimal ist.

TRANSPARENTPAPIER

Das Transparentpapier wird häufig als optisches Highlight verwendet, da durch die Transparenz das darunterliegende Papier durchscheint. Dieser Effekt verleiht der Einladungskarte ein romantisches Flair.

TIPP

Achtet bei der Wahl der Papiersorte darauf, alle Papierartikel in der gleichen Papiersorte zu fertigen.

Weitere Materialien für Einladungskarten

NATURMATERIALIEN

Natürlich könnt ihr auch eure ganz individuelle Papeterie herstellen. Häufig entscheiden sich die Brautpaare dafür, ihre eigene Kreativität auszuleben und basteln ihre Einladungskarten aus nachhaltigen oder recycelten Materialien.

Materialien, die du in der Natur findest: große Blätter, saftige Blätter, Holz, Efeuranken, getrocknete Blüten.

Recycelbare Materialien: alte Spitzendeckchen von Oma, alte Buchseiten, alte Zeitungen, alte Flaschen, Pappkarton, Graspapier, Butterbrotpapiertüten, alte Stoffservietten, Nutzgegenstände beschriften, alte Bilderrahmen, Glas beschriften.

ACRYL

Die Einladungskarte auf Acryl ist ein ganz neuer Trend und hat nichts mehr mit der klassischen Einladungskarte aus Papier zu tun. Es ist ein transparenter, glasähnlicher Kunststoff, der im Gegensatz zu Papier graviert oder geprägt werden kann. Das dauerhafte Beschreiben, Bedrucken und Bestempeln ist nur mit Permanentmarker, Folienschreiber oder Lackstiften möglich. Spezielle Drucksysteme in Druckereien können Acrylglas aber heutzutage auch hochwertig bedrucken.

LEDER

Für diese Art von Einladungskarte wird häufig Glattleder verwendet. Jedoch würden wir empfehlen, nur Highlights aus Leder herzustellen, wie z. B. die »Save the Date«-Karten und die Namensschildchen. Es gibt drei Möglichkeiten, einen Text, Namen oder einzelne Buchstaben auf Leder aufzubringen. Man kann es entweder beschriften, stanzen oder gravieren.

- Beschriften von Leder
  Hierzu eignet sich am besten ein Lötkolben oder Brandmalkolben. Es bietet sich an, den Namen erst einmal mit einem Stift auf das Leder zu schreiben und dann erst mit dem Brandmalkolben/Lötkolben diese Schrift nachzuziehen.
- Stanzen von Leder
  Im Gegensatz zum Löten ist das Stanzen ohne Hitze möglich. Diese Möglichkeit bietet sich für Ornamente oder Hochzeitslogos auf Leder an.
- Gravieren von Leder
  Bei dieser Variante werden einzelne Buchstaben durch Schleifen in das Leder gefräst. Hierbei wird die oberste Lederschicht abgeschliffen und lässt das darunterliegende Leder heller hervortreten.

HOLZ

Eine Einladungskarte aus Holz ist etwas ganz Besonderes. Sie steht für besondere Klasse und Wertigkeit. Die gängigen Holzarten sind Birkenholz und Nussbaumholz, da sich bei diesen Arten von Holz der individuelle Text sehr einfach mit einem Laser auf das Holz brennen lässt.

Die Kalligraphie

Kalligraphie ist die Kunst des »Schönschreibens« von Hand (Chirografie). Charakteristisch dafür ist, dass in einem Schwung gearbeitet wird. Es entsteht der Eindruck von Leichtigkeit. Es werden hierfür verschiedene Federn verwendet.

- Die Spitzfeder: Sie erzeugt eine sehr feine Linie, unter Anwendung von Druck wird die Linie dicker.
- Die Breitfeder: Sie hat eine dünne sowie eine breite Auflagefläche zum Papier. Die Anordnung der dünnen und dicken Linien ist hierbei abhängig vom Winkel der Feder zum Papier.
- Ebenfalls kann mit einem Federkiel, Pinsel, Filzstift oder anderen Schreibwerkzeugen geschrieben werden.

Im Kapitel »DIY« findet ihr auch eine Kalligraphie Anleitung.

Das Handlettering

Handlettering wird auch als das Zeichnen von Buchstaben bezeichnet. Es ist verwandt mit der Illustration und dem Zeichnen. Die Buchstaben werden immer passend zur Einladung geformt und konstruiert. Hier wird mit Bleistift, Fineliner und Zeichenfeder gearbeitet. Meist werden die Buchstaben analog gezeichnet.

Gedanken

Dienst-
leister

Eine Hochzeit steht und fällt mit der Auswahl der verschiedenen Dienstleistungen. Das eine oder andere könnt ihr bestimmt selber übernehmen. Bei manchem benötigt ihr ganz sicher Hilfe und Unterstützung. Hierfür engagiert ihr einen Profi, der euch die gewünschte Leistung erbringen kann. Diesen nennt man Dienstleister. Jede Hochzeit hat eine verschieden hohe Anzahl dieser kleinen elementaren Helferleins.

Wie finde ich den richtigen Dienstleister?

Von der Einladungskarte über die Hochzeitstorte bis hin zum DJ – es gibt vieles vorzubereiten. Die wenigsten Brautpaare kommen dabei ohne professionelle Hilfe aus. Doch wie soll man sich bei dem großen Angebot an Dienstleistern nur zurechtfinden? Es ist nicht ganz einfach, den richtig Dienstleister zu finden. Das Angebot im World Wide Web ist unübersichtlich groß. Es ist immer wieder eine Herausforderung, das Angebot regional einzuschränken. Ihr solltet Dienstleister bei euch aus der Umgebung buchen, denn bei dem einen oder anderen ist es notwendig, dass ihr persönlich vorbeikommt. Bei einem Brautmodenladen oder einem Stylisten sowie bei einem Juwelier solltet ihr einen Besuch einplanen. Beim Konditor könnt ihr für die Hochzeitstorte die einzelnen Geschmacksrichtungen, Füllungen etc. sogar vor Ort probieren. Entscheidet euch bei der Wahl des/der Dienstleister nicht ausschließlich nach dem Angebot. Denn gute Qualität hat ihren Preis. Ein guter, erfahrener DJ ist elementar wichtig und Garant dafür, dass die Tanzfläche am Abend gut besucht ist. Der Fotograf hält euren Tag in Bildern fest, die das Einzige sind, was von eurem Tag auch für eure Gäste sichtbar übrig bleibt.

DIE SUCHE NACH EINEM DIENSTLEISTER

Bevor ihr euch auf die Suche begebt, solltet ihr euch darüber im Klaren sein, welche Dienstleister ihr für eure Hochzeit überhaupt benötigt. Plant ihr eine Gartenhochzeit im kleinen Kreis mit selbst gemachtem Essen oder doch lieber eine Schlosshochzeit mit Fünf-Gänge-Menü? Reicht euch eine eigens zusammengestellte Playlist oder bevorzugt ihr einen professionellen DJ mit neuester Technik? Wir haben euch eine Liste erstellt, auf der ihr die Dienstleister findet, die für die meisten Hochzeiten benötigt werden.

Must haves

- Location (Restaurant, Hotel, Veranstaltungsraum etc.)
- Catering
- Trauredner
- Gesang zur Trauung
- Florist/ Dekorateur
- Fotograf/ Videograf
- DJ/ Band
- Hochzeitsausstatter (Brautkleid, Anzug etc.)
- Hochzeitsplaner/ Zeremonienmeister
- Juwelier
- Konditor
- Make-up Artist/ Friseur
- Papeterie

Nice To Have

- Kinderbetreuung
- Showeinlagen (Zauberer, Feuershow, Photobooth, Schnellzeichner etc.)
- Brautfahrzeug
- Foodtruck
- Videografie

Add-Ons

- Shuttleservice
- Kutsche

Sobald ihr diese Fragen alle geklärt habt, kann die Suche beginnen. Im besten Fall habt ihr Freunde oder Bekannte, die bereits geheiratet haben. Sofern ihr nicht selbst eingeladen wart und ihr euch ein eigenes Bild machen konntet, lohnt es sich, sie zu ihren Erfahrungen zu befragen. Vielleicht können sie euch ja sogar Dienstleister in eurer Umgebung empfehlen? Denn persönliche Empfehlungen von Personen, denen ihr vertraut, sind wertvoller als jede Suchmaschine.

Ansonsten habt ihr die Möglichkeit, euch in Zeitschriften, Branchenbüchern oder auf Blogs und Online-Portalen zu informieren. Hier findet ihr häufig eine Übersicht der verschiedenen Dienstleister nach Regionen sortiert. Die meisten Dienstleister verfügen auch über eine eigene Website oder präsentieren ihre Dienstleistungen auf Facebook oder Instagram. Oftmals findet ihr auch Bewertungen anderer Brautpaare im Internet, die gute Anhaltspunkte geben.

Wer sich lieber einen persönlichen Eindruck verschaffen möchte, kann dies auf einer der zahlreichen Hochzeitsmessen tun. Hier bekommt ihr nicht nur direkte Einblicke in die bisherigen Arbeiten der Dienstleister, sondern ihr könnt auch direkt mit ihnen ins Gespräch kommen. Informiert euch am besten schon vorab auf der Website der Messe über die Aussteller und das Rahmenprogramm wie Modenschauen, Workshops oder Gewinnspiele.

TIPP

Manche Dienstleister gewähren sogar Messerabatte!

Die Anfrage

Ob ihr den Dienstleister eurer Wahl lieber per E-Mail oder per Telefon kontaktieren möchtet, bleibt euch überlassen. Sie freuen sich jedoch immer zu hören, weshalb ihr euch ausgerechnet für sie entschieden habt. Schließlich werden sie euch an eurem großen Tag begleiten und somit auch viele persönliche Augenblicke mit euch teilen. Ihr solltet daher auf einer Wellenlänge liegen und euch in ihrer Gegenwart rundum wohlfühlen.

Versucht vor eurer Anfrage auch möglichst viele Informationen rund um eure Hochzeit zusammenzutragen. Denn je mehr der Dienstleister vorab weiß, desto individueller kann er sein Angebot gestalten und ggf. direkt nachfragen:

- Ort und Location, ggf. Ansprechpartner
- Datum und Uhrzeit
- Anzahl der Gäste
- Stil oder Motto der Hochzeit
- Zeit-/Ablaufplan
- ggf. Budgetrahmen

Musteranfrage

Sehr geehrter Herr/Frau Locationbetreiber,

wir sind über das Internet auf Sie aufmerksam geworden und interessieren uns sehr für Ihre Location.
Mein Verlobter und ich planen im **(Jahreszeit und Jahreszahl)** zu heiraten.
Wir stellen uns eine freie Trauung mit anschließendem Sektempfang und Fingerfood vor.
In den Abendstunden würden wir unseren Gästen gerne entweder ein Büfett oder ein Menü servieren.
Wir planen momentan mit **60 Personen** inklusive Kindern.
Unsere Hochzeit soll im **Boho Style** stattfinden.

Der erste momentane Ablaufplan lautet:

- 14:00 Uhr Trauung
- 15:00 Uhr Sektempfang
- 16:00 Uhr Kaffee und Kuchen
- 18:00 Uhr Saalöffnung
- 19:00 Uhr Hauptgang
- 22:00 Uhr Torte
- 24:00 Uhr Mitternachtssnack
- 03:00 Uhr Party Ende

Könnten Sie uns Ihre **Hochzeits-/Bankettmappe** und **Verfügbarkeiten Ihrer Location** zukommen lassen?
Gerne können Sie mich auch telefonisch kontaktieren.

Mit freundlichen Grüßen

Michaela Mustermann
Musterstrasse
1234 Musterhausen
Mustertelefonnummer

Die Erreichbarkeit des Dienstleisters

Achtet darauf, in welchem Zeitraum auf eure Anfrage reagiert wird. Eine Rückmeldung sollte nicht länger als ein bis zwei Werktage dauern. Ihr solltet jedoch berücksichtigen, dass die Dienstleister von Freitag bis Sonntag auf Hochzeiten sein können, daher kann eine Antwort eventuell erst nach einem Wochenende erfolgen. Viele Dienstleister machen ihr Gewerk in der Nebentätigkeit und sind deshalb nicht immer erreichbar.

Die Kosten

Beratungs- bzw. Kennenlerngespräche sind in der Regel kostenfrei. Eine Ausnahme bilden Probetermine beim Stylisten oder auch Brautkleidanproben. Schließlich fallen bei diesen Terminen bereits Material- sowie Personalkosten an. Oftmals werden diese Kosten jedoch im Falle einer Buchung bzw. eines Brautkleidkaufs verrechnet. Manche Dienstleister gewähren bereits auf ihrer Website Einblicke in ihre Preisliste. So habt ihr die Möglichkeit, diese bereits im Voraus zu vergleichen und nur Dienstleister zu kontaktieren, die auch eurem Budget entsprechen. Es empfiehlt sich zudem, rechtzeitig zu klären, ob weitere Kosten, beispielsweise für Anreise, Übernachtung oder Verpflegung am Tag der Hochzeit, hinzukommen. Die meisten Dienstleister werden übrigens erst nach erbrachter Leistung – entweder bar oder auf Rechnung – bezahlt, nur in manchen Fällen wie beispielsweise bei der Location, wird eine Anzahlung im Voraus fällig.

Die Referenzen und Erfahrungen

Ihr könnt auch direkt in den Social-Media-Netzwerken nach einem Dienstleister suchen. Hierbei solltet ihr allerdings darauf achten, ob und wie er sich auf den verschiedenen Plattformen präsentiert. Sind die Bilder aktuell und ansprechend? Ist er aktiv und professionell? Wird er von Paaren oder anderen Dienstleistern empfohlen? Schaut euch auch in Rezensionen im Internet an, welche Bewertungen dort zu finden sind. All das sagt viel über das Engagement und seine professionelle Arbeit aus.

Das Fachwissen

Heutzutage hat nicht jeder professionelle Hochzeitsdienstleister eine fachspezifische Ausbildung in seinem Beruf absolviert, was zunächst kein Problem ist. Dennoch ist es wichtig zu wissen, ob sein Fachwissen fundiert ist. Informiert euch, ob gute und qualifizierte Kenntnisse über seine Tätigkeit vorhanden sind. Da Hochzeiten immer individuell sind und sich Hochzeitsdienstleister auf die unterschiedlichsten Wünsche und Vorstellungen einlassen müssen, werdet ihr schnell feststellen, ob er eure Erwartungen an eure Hochzeit erfüllen kann.

Das Kennenlerngespräch

Prinzipiell gilt: Je besser ihr vorbereitet seid, desto schneller und einfacher kann der Dienstleister beim Kennenlerngespräch auf eure individuellen Wünsche und Vorstellungen eingehen. Sollten manche davon aus zeitlichen oder finanziellen Gründen nicht umsetzbar sein, wird er euch mögliche Alternativen aufzeigen. Bei einem Kennenlerngespräch findet ihr schnell heraus, ob die Chemie zwischen euch und dem Dienstleister stimmt und ob ihr mit ihm eure Zeit verbringen möchtet. Sofern ihr Pinterest für eure Hochzeitsplanung nutzt, bietet es sich an, entsprechende Pinnwände zu euren Vorstellungen vorzubereiten und anzulegen, beispielsweise eine für die Hochzeitspapeterie, eine für die Torte oder eine für die Tisch- und Blumendekoration (auf Jahreszeit bzw. Verfügbarkeit achten!). Ein weiterer Vorteil ist, dass ihr auch eigene Bilder hochladen und mit Bemerkungen versehen könnt. Nachdem ihr euch für einen Dienstleister entschieden habt, könnt ihr diesen ganz einfach zur jeweiligen Pinnwand einladen – und seid so immer auf dem gleichen Stand.

Bei eurem Kennenlerngespräch lernt ihr nicht nur etwas über die Erfahrung des Dienstleisters, sondern auch, welche Qualitätseine Ausstattung hat. Bei einem Hochzeitsfotografen solltet ihr darauf achten, dass sein Equipment einem angemessenen Standard entspricht. Solche Informationen könnt ihr meist auf der Homepage finden, aber auch durch sein Portfolio und Beispiele bisheriger Hochzeitsfotos.

Auch bei einem DJ solltet ihr darauf achten, dass ihm professionelles Equipment, das für einen optimalen Sound sorgt, zur Verfügung steht.

TIPP

Wie ihr den perfekten DJ findet, könnt ihr hier nachlesen.

Der Zeitplan

Die meisten Hochzeiten finden bevorzugt an Samstagen zwischen Mai und September statt. Das entspricht ca. 22 Hochzeiten, für die fast immer einer oder mehrere Dienstleister benötigt werden. Da diese schon weit im Voraus ausgebucht sind, ist es ratsam, sich rechtzeitig auf die Suche zu begeben. Wir empfehlen mindestens 9 bis 12 Monate vor der Hochzeit.

Wer kurzfristig plant bzw. heiratet, muss deswegen natürlich nicht leer ausgehen, aber unter Umständen zu Kompromissen bereit sein. Wie wäre beispielsweise eine Hochzeit unter der Woche oder im Winter?

Der weitere Ablauf

Nach der Zusage des Dienstleisters erhaltet ihr in der Regel eine schriftliche Auftragsbestätigung bzw. einen Vertrag. Prüft die Unterlagen genau und stellt ggf. nochmals letzte Rückfragen. Versucht auch, wichtige Absprachen schriftlich festzuhalten, indem ihr eure Gespräche im Anschluss zusammenfasst und per E-Mail an den Dienstleister schickt, schließlich ist eine rechtliche Absicherung für beide Seiten essenziell. Sofern es keiner weiteren Absprachen oder Treffen bedarf, solltet ihr spätestens eine Woche vor der Hochzeit nochmals Kontakt mit euren Dienstleistern aufnehmen, um den finalen Ablaufplan zu besprechen und einen reibungslosen Ablauf zu gewährleisten. Dann kann euer großer Tag kommen!

Planungshilfe DJ

Achtet darauf, dass der DJ:

- ○ sich verpflichtet, entsprechend dem Anlass gekleidet aufzutreten
- ○ einen Ersatz-DJ besorgt, falls er selbst aus einem wichtigen Grund verhindert sein sollte
- ○ einen technischen Notdienst für schnelle Hilfe zur Verfügung hat
- ○ auch ein guter Moderator ist

Besprecht vorher detailliert:

DIE HINTERGRUNDMUSIK BEIM ESSEN

- ○ Klassische Musik?
- ○ Aktuelle Radiocharts (keine Discomusik)?
- ○ Bar-Jazz?
- ○ Internationale Evergreens?
- ○ Klaviermusik? Kuschelrock?
- ○ Diverse Instrumentalmusik?
- ○ Sonstiges ....

DIE TANZMUSIK

DISCO

○ 90er-Jahre und aktuelle Charts
(alles was aktuell ist)
○ gar nicht ○ wenig ○ mittel ○ viel

○ Klassische Discomusik
(70er-, 80er-Jahre, Village People, Madonna, George Michael)
○ gar nicht ○ wenig ○ mittel ○ viel

OLDIES

○ Rock'n Roll, Twist
(Bill Haley, Elvis, Beach Boys, Chubby Checker)
○ gar nicht ○ wenig ○ mittel ○ viel

○ Evergreens (50er-, 60er -Jahre, Frank Sinatra, Dean Martin, Roy Orbison, Beatles)
○ gar nicht ○ wenig ○ mittel ○ viel

DEUTSCH

○ Deutscher Schlager
(Wolfgang Petry, Jürgen Drews, Helene Fischer)
○ gar nicht ○ wenig ○ mittel ○ viel

○ Deutsche Party-Klassiker, NDW
(Marianne Rosenberg, Nena, Spider Murphy Gang)
○ gar nicht ○ wenig ○ mittel ○ viel

FEIERN

○ Stimmungs-/Partymusik
(DJ Ötzi, Karnevals-/Heidewitzka-Musik)
○ gar nicht ○ wenig ○ mittel ○ viel

○ Latino/Summertime
(Gipsy Kings, Jennifer Lopez, die Sommerhits der letzten Jahre etc.)
○ gar nicht ○ wenig ○ mittel ○ viel

CLASSICS

- O Soul/ Funk Classics
  (M-People, Kool and the Gang,
  Aretha Franklin etc.)
  O gar nicht O wenig O mittel O viel

- O Rock Classics
  (Deep Purple, Rolling Stones, AC/DC)
  O gar nicht O wenig O mittel O viel

SLOW

- O Reggae
  (Bob Marley, UB 40 etc.)
  O gar nicht O wenig O mittel O viel

- O Volksmusik
  (Wildecker Herzbuben, Schneewalzer,
  Heino etc.)
  O gar nicht O wenig O mittel O viel

TANZEN

- O Standard- und Lateinamerikanische
  Tänze (Cha Cha Cha, Rumba, Walzer,
  Foxtrott)
  O gar nicht O wenig O mittel O viel

- O BigBand, Jazz, Swing, Dixie
  (James Last, Glenn Miller, Chris Barber)
  O gar nicht O wenig O mittel O viel

SONSTIGES

- O Techno
  O gar nicht O wenig O mittel O viel

- O House
  O gar nicht O wenig O mittel O viel

Titel und Interpreten, die unbedingt gespielt werden müssen:

ERÖFFNUNGSTANZ:

Torte

Für viele Brautpaare bildet die Hochzeitstorte das kulinarische Highlight ihrer Feier. Dabei spielt nicht nur die Form oder die Größe eine Rolle, sondern auch die Art der Torte und vor allem der leckere Geschmack. Ein besonderes Highlight sind schöne Verzierungen, wie z. B. Blumen oder das berühmte Brautpaar auf der Torte, das euch beiden ähnlich sieht. Ein besonderer Spaß erwartet euch beim Anschneiden der Torte, denn dann geht das Wetteifern darum los, wessen Hand oben liegt. Nach altem Brauch bedeutet dies nämlich, dass derjenige auch das Sagen in der Ehe habe. Wir stellen euch hier die beliebtesten Hochzeitstorten-Trends vor!

TORTENVARIANTEN

NAKED CAKES

Bei Hochzeiten im Vintage- oder Boho-Stil erfreuen sich »Naked Cakes« weiterhin großer Beliebtheit. Dabei handelt es sich um »nackte« mehrstöckige Torten, die ganz ohne einen Überzug aus Glasur, Ganache oder Fondant auskommen. Naked Cakes werden stattdessen oftmals mit frischem Obst oder echten Blumen verziert und sorgen so für eine schlichte und natürliche Note. In diesem Fall solltet ihr jedoch unbedingt Rücksprache mit eurem Floristen halten, denn viele Blumen sind nicht farbecht oder sogar giftig.

DRIP CAKES

Eine Variante der Naked Cakes sind die sogenannten »Drip Cakes«. Sie verdanken ihren Namen den drips (englisch für Tropfen), die dank der zähen Glasur effektvoll am Kuchenrand hinuntertropfen. Die Geschmacksrichtung von Kuchen und Glasur ist beliebig, doch prinzipiell gilt: Je höher die Hochzeitstorte und je kontrastreicher die Farben von Kuchen und Glasur, desto wirkungsvoller!

CUPCAKES STATT HOCHZEITSTORTE

Es muss nicht immer eine Hochzeitstorte sein! Wer es etwas ausgefallener will, verteilt einfach viele kleine Cupcakes auf einer Etagere. Das sieht nicht nur sehr ansprechend aus, sondern hat auch den Vorteil, dass die kleinen Küchlein schnell gebacken sind und somit mehr Rezeptvarianten erlauben als die einzelnen Stockwerke einer Hochzeitstorte. Hinzu kommt, dass sich die Gäste direkt daran bedienen können und sich nicht erst in eine Schlange einreihen müssen, um ein Stück der Hochzeitstorte zu ergattern. Dieses Prinzip der etwas anderen Hochzeitstorte funktioniert übrigens auch mit Macarons, Cakepops, Donuts oder anderen süßen Leckereien.

© Cakestyle

DER GESCHMACK

Auch bei den Füllungen und Toppings sind der Fantasie keine Grenzen gesetzt. Buttercreme- oder Sahnetorte, fruchtig oder schokoladig oder doch lieber eine ungewöhnliche Geschmacksrichtung mit Ingwer, Rosmarin oder Chili? Lasst euch am besten von eurem Konditor beraten und entscheidet bei einem Probeessen, was euch am besten schmeckt.

Muss die Torte außerdem laktosefrei, glutenfrei oder vegan sein? Auch darauf sind viele Konditoren inzwischen eingestellt.

Grundsätzlich gilt: Je konkreter eure Vorgaben sind, desto besser kann der Konditor auf eure Wünsche eingehen und euch ein Angebot machen.

DIE KOSTEN

Die Kosten für eine Hochzeitstorte hängen von verschiedenen Faktoren ab. In erster Linie spielt die Größe bzw. die Anzahl der Gäste eine bedeutende Rolle. In der Regel rechnet man mit durchschnittlich 1,5 Stücken pro Person. Dekorationen aus Zucker oder Fondant sind sehr zeitaufwendig in der Herstellung und entsprechend teurer. Auch die Anlieferung der Torte wird meist extra berechnet, vor allem bei längeren Anfahrtswegen.

DER RICHTIGE ZEITPUNKT

Überlegt euch, wann ihr euren Gästen die Hochzeitstorte präsentieren wollt: zur Kaffeetafel in Form eines ausgefallenen Sweet Tables oder erst mit dem Mitternachtssnack? Alternativ könnt ihr auch auf das Dessert verzichten und stattdessen die Hochzeitstorte anbieten.

Viele Brautpaare planen die Präsentation sowie den Anschnitt der Torte als eigenen Programmpunkt ein und zelebrieren diesen mit passender Musik und – nach Absprache mit der Location – mit Wunderkerzen oder einem kleinen Tischfeuerwerk. Achtet in diesem Fall jedoch darauf, dass keine Rußpartikel auf die Torte gelangen. Sind alle Gäste um die Torte versammelt, wird diese feierlich angeschnitten. Bei mehrstöckigen Torten wird das erste Stück in der Regel aus der untersten Etage herausgeschnitten, denn der Anschnitt aus der oberen Etage soll angeblich Unglück bringen. Dahinter steckt zudem der Brauch, die oberste Etage nach der Feier einzufrieren, um so die Torte am ersten Hochzeitstag erneut zu genießen und dabei in Erinnerungen schwelgen zu können.

Im Folgenden haben wir euch Fotos von verschiedenen Hochzeitstorten zusammengestellt.

Floristik

Vom Brautstrauß über den Traubogen über die zum Hochzeitskonzept passende Dekoration der Location bis hin zur festlichen Tischdekoration – für viele Brautpaare gehört der passende Blumenschmuck zu einer gelungenen Hochzeit mit dazu. Kein Wunder, denn schließlich sorgen Blumen für ein stimmiges Gesamtkonzept und zaubern ein einzigartiges Ambiente für die Hochzeitsfeier.
Worauf ihr bei der Planung eures Blumenschmucks achten solltet, erfahrt ihr hier.

Inspiration pur!

Euer Hochzeitstermin steht fest? Super, dann könnt ihr mit der Planung eures Blumenschmucks loslegen! Es gibt dabei unzählige Möglichkeiten, sich inspirieren zu lassen. Ob in sozialen Netzwerken, auf Hochzeitsblogs, in Magazinen oder auf Hochzeitsmessen – wo ihr am liebsten nach Ideen für euren Blumenschmuck stöbert, bleibt ganz euch überlassen. Überlegt euch, welcher Stil zu euch und eurer Hochzeit passt. Minimalistisch und zurückhaltend oder opulent und glamourös? Falls ihr euch bereits auf ein Farbkonzept festgelegt habt, ist es sinnvoll, auch den Blumenschmuck farblich daran anzupassen.
Um euch einen Gesamteindruck zu verschaffen, kann es hilfreich sein, ein digitales Moodboard zu erstellen. Bei Instagram könnt ihr beispielsweise gezielt nach passenden Hashtags wie #hochzeitsfloristik, #hochzeitsblumen, #weddingflowers, #weddingbouquets oder #bridalbouquet suchen und eure Favoriten in einer eigenen Sammlung abspeichern. Noch übersichtlicher wird's mit einer Pinnwand bei Pinterest. Die könnt ihr dann bei Bedarf auch ganz einfach mit eurem Hochzeitsfloristen teilen.

DIE BLUMEN DER SAISON

Bevor ihr euch auf bestimmte Blumensorten festlegt, solltet ihr prüfen, ob diese zur entsprechenden Jahreszeit, in der eure Hochzeit stattfindet, überhaupt verfügbar sind. Denn nicht alle Schnittblumen sind ganzjährig erhältlich. Zu den saisonunabhängigen Sorten gehören beispielsweise Rosen, Gerbera und Orchideen. Auch grüne Pflanzen wie Olivenzweige, Eukalyptus und Sukkulenten sind meist das ganze Jahr über erhältlich.

DER SAISONKALENDER

FRÜHLING:
Maiglöckchen, Narzisse, Tulpe, Anemone, Ranunkel, Pfingstrose, Hortensie
SOMMER:
Pfingstrose, Hortensie, Sonnenblume, Lavendel, Callas, Lilie, Duftwicke, Sterndolde
HERBST:
Clematis, Dahlie, Lisianthus, Strandflieder, Artischocke, Zinnie, Schneeball, Aster
WINTER:
Amaryllis, Christrose, Alpenveilchen, Distel, Primel, Schneerose, Narzisse

Falls ihr euch unsicher seid, ob eure Lieblingsblumen in eurem Hochzeitsmonat verfügbar sind, sprecht euch am besten mit eurem Floristen ab. Er kann euch entsprechend beraten und euch notfalls passende Alternativen für euren Hochzeitstermin vorschlagen.

DIE UNTERSTÜTZUNG VOM PROFI

Viele Brautpaare wünschen sich beim Blumenschmuck professionelle Unterstützung. Doch wie findet man den passenden Hochzeitsfloristen? Prinzipiell gilt: Nicht jeder Florist hat die Kapazitäten und die Erfahrung, um eine Hochzeit auszustatten. Sucht daher am besten nach einem Floristen, der sich auf Hochzeiten spezialisiert hat. Achtet bei der Suche auch auf den Standort des Floristen. Je kürzer der Anfahrtsweg zu eurer Hochzeitslocation ist, desto besser. Denn die Blumen müssen – vor allem bei Sommerhochzeiten – so lange wie möglich kühl gelagert werden und sollten nicht zu früh arrangiert werden, damit sie nicht verwelken und bei eurer Hochzeitsfeier noch wunderbar frisch aussehen.

Um zu prüfen, ob der Stil des Floristen zu euch und eurem Hochzeitskonzept passt, könnt ihr beispielsweise nach Hochzeitsreportagen vergangener Hochzeiten oder *Styled Shoots*, an denen der Florist mitgewirkt hat, Ausschau halten. Diese findet ihr unter anderem auf der Website des Floristen, in den sozialen Medien, auf Hochzeitsblogs, in Magazinen oder auch auf Hochzeitsmessen.

Sobald ihr einen Floristen gefunden habt, der euch zusagt und dem ihr vertraut, solltet ihr – bestenfalls sechs bis neun Monate vor eurer Hochzeit – ein Beratungsgespräch vereinbaren. Vor allem bei großen Hochzeitsfeiern mit entsprechend großer Location ist ein frühzeitiges Gespräch ratsam. Sofern ihr bereits ein Moodboard erstellt und die Checkliste zur Floristik ausgefüllt habt, könnt ihr diese natürlich auch direkt zum Gespräch mitbringen. Viele Floristen erstellen mit ihren Brautpaaren zudem einen Mustertisch, damit sie sich einen ersten Eindruck davon machen können, wie die Tischdekoration an ihrem großen Tag aussehen könnte.

Ein weiterer Vorteil professioneller Hochzeitsfloristen ist, dass sie oftmals auch passende Vasen und weitere Tischdekorationen verleihen, sodass ein stimmiges Gesamtbild entsteht und ihr euch diesbezüglich um nichts kümmern müsst. Dekomaterial auszuleihen statt es neu zu kaufen, schont nicht nur den Geldbeutel, sondern auch die Umwelt. Sollte eurer Florist keinen Verleih anbieten, könnt ihr euch auch in Hochzeitsforen oder bei Auktionsbörsen im Internet nach gebrauchten Gegenständen umsehen. Das gilt übrigens auch für Textilien wie Tischdecken, Stoffservietten oder Stuhlhussen.

Florale Elemente für eine Hochzeit

Es gibt unzählige Möglichkeiten, Blumen in eure Hochzeit zu integrieren. Der Brautstrauß als zentrales Element gibt dabei oftmals die Gestaltung der anderen floralen Elemente der Hochzeit vor. Neben den Tischen des Brautpaars und der Hochzeitsgesellschaft können die Blumen natürlich auch auf den Stehtischen beim Sektempfang, auf dem Geschenketisch, der Wedding Bar und an (unschönen) Ecken der Location wie dem Eingangsbereich drapiert werden. Blumen auf dem Büfett sind zwar ebenfalls schön anzusehen, werden jedoch oftmals als störend empfunden. Einzelne Blüten auf der Hochzeitstorte können dagegen ein optisches Highlight sein.

Blumen schmücken jedoch nicht nur die Räumlichkeiten, sondern auch das Brautpaar selbst. So können Bräute beispielsweise bei der Brautfrisur auf florale Elementen wie einzelne Blüten oder Blütenkränze zurückgreifen. Der Bräutigam erhält dagegen einen Anstecker aus passenden Blüten für das Revers seines Jacketts. Bei Sommerhochzeiten bietet es sich an, einen zweiten Anstecker in Reserve zu haben, da die Blüten aufgrund der hohen Temperaturen schnell verwelken.

Eine schöne Idee ist es, auch enge Familienmitglieder wie Vater, Großvater oder Bruder mit einem Anstecker auszustatten, um die familiäre Nähe zum Brautpaar zu signalisieren. Trauzeuginnen oder Brautjungfern erhalten dagegen einen Brautstrauß im Miniformat oder ein Blumenarmband. Blumenkinder freuen sich neben den Blumen und Blättern, die sie feierlich verteilen dürfen, sicherlich auch über ein kleines Blumenarmband oder einen kleinen Blumenkranz. Übrigens: Wer den Brautstrauß als Andenken behalten, auf die Tradition des Brautstraußwurfs aber trotzdem nicht verzichten möchte, kann auch einen zweiten, kleineren Strauß, einen sogenannten Wurfstrauß, beim Floristen in Auftrag geben.

Auch bei der Trauung selbst spielt der Blumenschmuck eine wichtige Rolle. Bei kirchlichen Trauungen werden oftmals die Kirchenbänke und die Stühle des Brautpaars mit floralen Elementen – einzelnen Blüten, kleinen Sträußchen oder Kränzen – versehen, ein Gesteck auf dem Altar rundet den Blumenschmuck ab. Ähnliches gilt für das Standesamt. Prüft vorab, welche Dekorationsmöglichkeiten es in eurer Kirche oder in eurem Standesamt gibt, und ob das Anbringen von Blumenschmuck erlaubt ist. Bei freien Trauungen kommen oftmals ganze Traubogen aus Blumen zum Einsatz. Aufgrund der hohen Blütendichte müsst ihr dafür allerdings mehr Budget einplanen.

Viele Brautpaare wünschen sich außerdem Blumenschmuck für das Hochzeitsauto. Ob Gesteck oder Girlande, achtet vor allem auf eine professionelle Befestigung. Sofern es sich nicht um euer eigenes Fahrzeug handelt, solltet ihr euch vorab unbedingt mit dem Besitzer bzw. dem Verleihservice absprechen, ob das Anbringen von Blumenschmuck überhaupt erlaubt ist oder welche Einschränkungen es gibt. Blumenbouquets – oftmals in Herzform – werden in der Regel mittig auf der Motorhaube platziert und mit einem Saugnapf oder Magneten befestigt. Auch ein über die Motorhaube dekorativ gespanntes Stück Stoff oder Band kann zusätzlichen Halt geben. Bei Fahrzeugen mit kleiner Motorhaube fällt der Blumenschmuck meist zurückhaltender aus, beispielsweise in Form einer Girlande oder auch kleiner Sträußchen an den Außenspiegeln oder Türgriffen.

Budget

Das Budget ist ein entscheidender Faktor bei der Hochzeitsfloristik. Sprecht euer Limit am besten zu Beginn des Gesprächs ganz offen an, damit euer Florist entsprechend planen und euch mögliche Einsparpotenziale aufzeigen kann.

Prinzipiell gilt: Je größer die Location und die Hochzeitsgesellschaft ist und je opulenter und aufwendiger die Sträuße, Gebinde und Gestecke sind, desto mehr Budget müsst ihr einplanen. Da das Budget anhand der Materialkosten und der Arbeitszeit berechnet wird, können auch kleinere, aber filigrane Blumenarrangements unter Umständen mehr kosten.

Auch die Herkunft, die Saison und die Auswahl der entsprechenden Blumen spielen eine entscheidende Rolle bei der Preisgestaltung. Hinzu kommt, dass ein Brautstrauß ganz anderen Bedingungen ausgesetzt ist als ein »normaler« Strauß vom Floristen um die Ecke. So müssen Brautsträuße am Hochzeitstag auch längere Zeit ohne Wasser auskommen, beispielsweise beim Paarshooting in der Sommerhitze, und trotzdem noch frisch aussehen. Auch die Stiele müssen entsprechend bearbeitet oder umwickelt werden, damit die Braut sie angenehm greifen kann.

Wer aus Kostengründen vermehrt auf Bindegrün statt üppige Blüten setzen möchte, sollte dabei jedoch bedenken, dass nicht jedes Bindegrün automatisch auch günstig ist. So hat sich beispielsweise der Eukalyptus mit seinen edel grau schimmernden und gut duftenden Blättern in den letzten Jahren zur Trendpflanze schlechthin entwickelt. Aufgrund der hohen Nachfrage ist jedoch auch der Preis entsprechend gestiegen.

Achtet zudem darauf, welche Kosten im Kostenvoranschlag eures Floristen enthalten sind. Unter Umständen können zusätzliche Kosten für den Anfahrtsweg und den Auf- oder Abbau hinzukommen. Auch die Gebühren für geliehene Dekomaterialien werden in der Regel separat berechnet. Erkundigt euch auch, mit welchen Kosten ihr rechnen müsst, sollten eine geliehene Vase oder ein Kerzenständer beschädigt werden oder kaputtgehen.

Unser Blumenschmuck für die Hochzeit

Unser Hochzeitstermin: ___________

- ○ Frühlingshochzeit ○ Herbsthochzeit
- ○ Sommerhochzeit ○ Winterhochzeit

STIL

- ○ romantisch
- ○ boho
- ○ modern
- ○ klassisch
- ○ minimalistisch
- ○ opulent
- ○ glamourös
- ○ ______________________________

ART

- ○ Frische Blumen ○ Trockenblumen
- ○ Kombination aus beidem

- ○ Schnittblumen ○ Topfpflanzen
- ○ Kombination aus beidem

- ○ Hauptsächlich Blüten
- ○ Hauptsächlich Grün
- ○ Eine ausgewogene Mischung

Diese Liste findet ihr ebenfalls auf unserer Website.

FARBEN

Diese Farben/Farbkombinationen gefallen uns

____
____
____
____
____
____
____
____

Diese Farben/Farbkombinationen gefallen uns nicht

____
____
____
____
____
____
____
____

BLUMEN

Diese Blumen gefallen uns

____
____
____
____
____
____
____
____

Diese Blumen gefallen uns nicht

____
____
____
____
____
____
____
____

BLUMENSCHMUCK

- ○ Brautstrauß/Wurfstrauß für den Brautstraußwurf
  Anzahl: __________

- ○ Anstecker für den Bräutigam
  Anzahl:__________

- ○ Haarschmuck für die Braut
  - ○ Haarkranz
    Anzahl: __________

- ○ Einzelne Blumen für die Brautfrisur
  Anzahl: __________

- ○ Sonstiges: ____________________
  Anzahl: __________

- ○ Ringschatulle
  Anzahl: __________

- ○ Autoschmuck
  - ○ Gesteck
    Anzahl: __________
  - ○ Girlande
    Anzahl : __________
  - ○ Sonstiges: ____________________
    Anzahl: __________

- ○ Kirche
  - ○ Einzelne Blumen oder Sträußchen für die Kirchenbänke
    Anzahl: __________
  - ○ Gesteck für den Altar
    Anzahl: __________
  - ○ Sonstiges: ____________________
    Anzahl: __________

- ○ Standesamt
  - ○ Einzelne Blumen oder Sträußchen für die Stühle
    Anzahl: __________
  - ○ Gesteck
    Anzahl: __________
  - ○ Sonstiges: ____________________
    Anzahl: __________

- ○ Freie Trauung
  - ○ Traubogen
    Anzahl: __________
  - ○ Gesteck
    Anzahl: __________
  - ○ Sonstiges: ____________________
    Anzahl: __________

- ○ Trauzeugin/ Brautjungfern
  - ○ Haarkranz
    Anzahl: __________
  - ○ Blumenarmband
    Anzahl: __________
  - ○ Kleiner Brautstrauß
    Anzahl: __________

- ○ Blumenmädchen
  - ○ Haarkranz
    Anzahl: __________
  - ○ Blumenarmband
    Anzahl: __________
  - ○ Streublumen
    Anzahl: __________

- ○ Tischschmuck
  - ○ Strauß
    Anzahl: __________
  - ○ Einzelne Blumen in Vasen
    Anzahl: __________
  - ○ Girlande
    Anzahl: __________

- ○ Einzelne Blumen als Gastgeschenk
  Anzahl: ___________
- ○ Sonstiges: ___________________
  Anzahl: ___________

- ○ Saalschmuck
  - ○ Eingangsbereich
    Anzahl: ___________
  - ○ Willkommensschild/ Sitzplan
    Anzahl: ___________
  - ○ Fensterbank
    Anzahl: ___________
  - ○ Stehtische
    Anzahl: ___________
  - ○ Geschenketisch
    Anzahl: ___________
  - ○ Sweet Table, Candy oder Salty Bar
    Anzahl: ___________
  - ○ Hochzeitstorte
    Anzahl: ___________
  - ○ Fotobox
    Anzahl: ___________
  - ○ Sonstiges: ___________________
    Anzahl: ___________
  - ○ Sonstiges: ___________________
    Anzahl: ___________
  - ○ Sonstiges: ___________________
    Anzahl: ___________
  - ○ Sonstiges: ___________________
    Anzahl: ___________

Platz für Notizen

Ringe

Du hast deiner Partnerin einen
Heiratsantrag gemacht und nun
seid ihr unsicher, worauf ihr beim
Eheringkauf achten müsst?
Eine schöne Alternative ist es z. B.,
den Ehering des Partners in einem
Kurs selbst anzufertigen oder die Ringe
der Großeltern in neue Eheringe
einschmelzen zu lassen.
Beim Juwelier gibt es eine große Auswahl an
Eheringen aus verschiedenen Materialien
und in verschiedenen Formen. In diesem
Kapitel findet ihr alles Wissenswerte
rund um den Ringkauf.

DER RINGKAUF: ALLEIN ODER GEMEINSAM?

Traditionell wird der Verlobungsring vorab gekauft und bei der Verlobung feierlich übergeben oder angesteckt. Prinzipiell ist es jedoch auch möglich, diesen nach der Verlobung gemeinsam auszusuchen. Schließlich gehört der Verlobungsring zu den wichtigsten Schmuckstücken einer Frau und sollte daher mit Bedacht ausgewählt werden. Viele Frauen wollen den Verlobungsring nach der Hochzeit zudem zusammen mit dem Ehering als sogenannten Vorsteckring bzw. Beisteckring tragen. In diesem Fall ist es umso wichtiger, die Ringe gemeinsam auszusuchen, damit Ehe- und Vorsteckring in Bezug auf Farbe, Material, Höhe und Breite später auch gut zusammenpassen.

Ich gehe davon aus, dass, wenn ihr dieses Buch lest, sie schon den Verlobungsring am Finger trägt. Nun geht es darum, einen passenden Ehering auszuwählen. Die Braut trägt normalerweise ihren Verlobungsring ab dem Verlobungstag am Finger. Das Thema Ehering ist bei Männern oft etwas anders gelagert.

Nehmt am besten aus eurem Schmuckkästchen euren Lieblingsring, den ihr normalerweise am rechten Ringfinger (!) habt, mit zum Juwelier eures Vertrauens. Wenn ihr bislang noch keinen Schmuck an den Fingern getragen habt, kann der Juwelier euren Fingerumfang auch ausmessen.

WELCHE MATERIALIEN GIBT ES?

Eheringe gibt es nahezu in jeder Preisklasse, es bleibt daher jedem selbst überlassen, wie viel Geld er dafür ausgeben möchte. Prinzipiell gilt: Je schwerer und widerstandsfähiger das Edelmetall, desto teurer ist der Ring. So ist Silber zwar eine günstige Variante, aufgrund des weichen Materials jedoch auch anfälliger für Kratzer oder Macken. Wer sich für einen Ring aus Gold entscheidet, kann zwischen Gelbgold, Weißgold, Rotgold oder Platin wählen. Weißgold wird vor allem in Kombination mit einem Diamanten gerne gewählt, weil dieser dann besonders gut zur Geltung kommt. Das silbrig-weiße Palladium ist sehr widerstandsfähig sowie farbecht und somit die kostengünstigere Alternative zu Platin, dem edelsten der aufgeführten Materialien. Aufgrund seiner hohen Metall-Reinheit ist Platin vor allem für Allergiker sehr gut geeignet.

Ähnlich wie Verlobungsringe können auch Eheringe mit einer individuellen Gravur versehen werden. Da sie in diesem Fall jedoch vom Umtausch ausgeschlossen sind, solltet ihr euch sicher sein, dass ihr die richtigen Ringe ausgewählt.

DIAMANT: JA ODER NEIN?

Je nach Geschmack und Stil könnt ihr zwischen verschiedenen Fassungen, Steinen oder Formen wählen. Der weltweit meistverkaufte Ring ist der sogenannte Solitär-Ring mit einem einzelnen Diamanten im Brillantschliff, der durch eine Krappenfassung, d.h. kleine Krallen, gehalten und dem Ring aufgesetzt wird. Der Diamant sieht dadurch so aus, als würde er über dem Ring schweben. Das Wort »Solitär« leitet sich übrigens vom französischen Wort für »Einzelgänger« ab und steht einerseits für den einzelnen Stein, andererseits für die Einmaligkeit der Ringträgerin. Romantisch, oder?

Wer jedoch glaubt, den Wert eines Diamanten anhand seiner Größe ausmachen zu können, irrt gewaltig. Der Preis hängt vielmehr vom Schliff, der Karatzahl, der Farbe und der Reinheit ab. Je »lupenreiner und weißer« ein Diamant ist, desto wertvoller ist er. Bei Diamanten unterscheidet man zwischen dem Glattschliff und dem Facettenschliff. Der sogenannte Ovalschliff ist bei Fingerringen die beliebteste Schliffart.

Wer sich keinen echten Diamanten leisten und trotzdem nicht auf das magische Funkeln verzichten möchte, kann alternativ auf einen Zirkonia zurückgreifen. Dieser künstlich hergestellte Stein ähnelt optisch einem Diamanten und ist wesentlich günstiger als ein echter Diamant, dafür jedoch weitaus weniger langlebig.

WELCHE HAND IST DIE RICHTIGE?

An welchem Finger der Verlobungsring getragen wird, bleibt jeder Frau selbst überlassen. In Deutschland wird der Verlobungsring normalerweise am linken Ringfinger getragen, der Ehering dagegen am Ringfinger der rechten Hand. Im Ausland ist es meistens genau umgekehrt. Falls die Frau ihren Antragsring als Vorsteck- bzw. Beisteckring tragen möchte, kann sie ihn entweder an einem Finger der linken oder der rechten Hand tragen. In welcher Reihenfolge die beiden Ringe später kombiniert werden, bleibt ihr selbst überlassen. Normalerweise wird jedoch der schmalere Verlobungsring vor den Ehering gesetzt.

Wünsche

to Do's

Brautmode

Für viele Bräute gehört der Kauf des Brautkleids zu den wichtigsten Punkten auf der Liste der Hochzeitsvorbereitungen. Doch was ist vorab zu beachten? Wie läuft eine Brautkleidanprobe ab und wie finde ich das perfekte Brautkleid für mich? Die Antworten auf diese und viele weitere Fragen findet ihr in diesem Kapitel.

Doch das Wichtigste ist, einfach Spaß dabei zu haben! Also packt eure Brautjungfern, Trauzeuginnen und Mütter ein und macht euch einen unvergesslichen Nachmittag.

DAS BRAUTKLEID

Zu Beginn der Brautkleidsuche steht die Wahl des Brautmodengeschäfts. Am besten erkundigt ihr euch online nach geeigneten Läden in der Nähe. Auf den Webseiten findet ihr auch schon wertvolle Informationen über die vorrätigen Brautkleider und könnt euch so einen Überblick über die Stile und Kosten verschaffen. Da die Lieferzeit mancher Hersteller mehrere Monate betragen kann, solltet ihr bestenfalls 6 bis 9 Monate vor der Hochzeit einen Beratungstermin vereinbaren. So ist sichergestellt, dass der Berater oder die Beraterin auch genügend Zeit hat und sich voll und ganz auf euch und eure Wünsche konzentrieren kann. Da die Termine abends unter der Woche sowie an Samstagen auch bei anderen Bräuten sehr begehrt sind, müsst ihr damit rechnen, dass es unter Umständen nicht sofort einen Termin gibt. Falls es sich zeitlich einrichten lässt, ist natürlich auch unter der Woche ein Termin möglich. Im Vorfeld ist auch abzuklären, wie viele Begleitpersonen mitgebracht werden dürfen. Eine Anprobe dauert in der Regel etwa 1,5–2 Stunden. Ihr solltet also genügend Zeit mitbringen.

Wer es noch individueller mag, kann sich das Brautkleid natürlich auch in einem Brautmodenatelier maßanfertigen lassen. Da das Anfertigen und Umsetzen eines neuen Designs einige Zeit in Anspruch nimmt, sollte das erste Beratungsgespräch ebenfalls möglichst frühzeitig vereinbart werden.

DIE VORBEREITUNG

Zuerst muss herausgefunden werden, was gefällt und was für ein Brautkleid gewünscht wird. Dazu könnt ihr in Hochzeitszeitschriften blättern oder eine Pinterest-Pinnwand für Brautkleider anlegen, die euch inspiriert. Lässt sich an dieser Sammlung schon ein bestimmter Stil erkennen? Werden bestimmte Längen, Formen oder Materialien bevorzugt? Welche Farbe soll es werden? Soll das Brautkleid eher schlicht gehalten sein oder aufwendig verziert mit Stickereien, Applikationen, Perlen, Pailletten oder Strasssteinen?

Geht auf die Website und ihr findet viele interessante Informationen zu diesem Thema.

© dila

DIE ACCESSOIRES

Auch die Wahl der Accessoires spielt beim Brautkleidkauf eine wichtige Rolle. Findet die Hochzeit kirchlich statt oder in einer kühleren Jahreszeit? In diesem Fall wird eine passende Stola, ein Bolero oder ein Strickjäckchen benötigt. Sollen es lieber flache Schuhe oder welche mit Absatz sein? Soll das Farbkonzept eurer Hochzeit in Form bestimmter Accessoires, wie einem farblich passenden Gürtel oder Applikationen, aufgegriffen werden? Sind Haarschmuck wie ein Schleier, ein Diadem oder sogar beides zusammen vorgesehen? Falls es schon genauere Vorstellungen von der Brautfrisur geben sollte, kann es auch hilfreich sein, sich die Haare vorab von einem Friseur stylen zu lassen. Denn wenn die Frisur sitzt, fühlt man sich nicht nur gleich viel wohler, sondern man bekommt auch einen besseren Eindruck für den großen Tag. Beim Make-up empfiehlt es sich am Tag der Anprobe allerdings etwas sparsamer zu sein, um unschöne Flecken auf den teuren Kleidern zu vermeiden. Das gilt übrigens auch für allzu aggressive Deodorants mit Alkohol. Und noch ein Tipp unter Frauen: Unterwäsche sowie ggf. Strümpfe in einem hautneutralen Ton sind optimal. Und für den Fall, dass ein trägerloses Kleid favorisiert wird, bietet sich ein BH mit abnehmbaren Trägern an.

Checkliste für den Brautkleidkauf

Damit bei der Brautkleidanprobe vor lauter Nervosität nichts vergessen wird, kann man vorab auch die folgende Checkliste ausdrucken und alle Wünsche und Vorstellungen eintragen. Das hilft sicherlich auch der Brautmodenberaterin, schließlich hat sie dann alle Infos auf einen Blick.

Brautname: ______________________

Hochzeitsdatum: ______________________

Location: ______________________

1. So würde ich meinen Stil beschreiben:

- O sexy
- O schlicht klassisch
- O elegant sportlich
- O romantisch pompös
- O extravagant

2. Dieser Brautkleidschnitt gefällt mir besonders gut:

- O Prinzessin
- O A-Linie
- O Meerjungfrau / Fischtail
- O kurzes Kleid
- O Jumpsuit / Hosenanzug / Empire

3. Diese Brautkleidfarben gefallen mir:

- O strahlendes Weiß
- O Ivory
- O Nudetöne
- O Blush- oder Rosatöne mehrfarbig

4. Diese Ausschnittformen gefallen mir:

- O gerade
- O rund
- O asymmetrisch
- O V-Ausschnitt
- O U-Boot-Ausschnitt
- O Herz-Ausschnitt
- O Carmen-Ausschnitt
- O Wasserfall-Ausschnitt
- O Illusion
- O Neckholder
- O hochgeschlossen schulterfrei

5. Diese Rückenformen gefallen mir:

- O rund
- O oval
- O V-Ausschnitt
- O Wasserfall-Ausschnitt
- O Illusion
- O Tattoo-Spitze Keyhole
- O gekreuzte Träger

6. Das sollte mein Kleid auf jeden Fall haben:

- O Spitze
- O Tüll
- O Perlen
- O Pailletten
- O Schleppe
- O Träger
- O Ärmel
- O Rückenausschnitt
- O Schnürung
- O Gürtel
- O Strass
- O Knopfleiste

7. Diese Accessoires hätte ich gerne:

- ○ Reifrock
- ○ Schleier
- ○ Haarschmuck (Diadem, Haarband o. Ä.)
- ○ Hut oder Fascinator
- ○ Handtasche
- ○ Ohrringe
- ○ Kette
- ○ Armschmuck
- ○ Stola
- ○ Bolero
- ○ Jäckchen
- ○ Handschuhe
- ○ Gürtel

8. So stelle ich mir meine Brautschuhe vor:

- ○ geschlossene Pumps
- ○ Peeptoes
- ○ High Heels
- ○ Sandaletten
- ○ flache Schuhe (Sneaker, Ballarinas, Sandalen)

9. Mein Budget:

Brautkleid: ______________________

Änderungen: ______________________

Accessoires: ______________________

Brautschuhe: ______________________

DIE BEGLEITUNG

Meist dürfen zur Brautkleidanprobe bis zu drei Begleitpersonen mitgebracht werden. Vorher sollte überlegt werden, wen man mitnehmen möchte: die Trauzeugin und beste Freundin? Die Mutter oder zukünftige Schwiegermutter? Oder doch lieber die Lieblingskollegin? Für wen man sich auch entscheidet, wichtig ist nur, dass es Personen sind, die gut bekannt und voll und ganz vertrauenswürdig sind. Achtung: Zu viele Meinungen können auch verwirren und nur unnötig verunsichern. Letztendlich zählt nur, dass die Braut sich in ihrem Kleid rundum wohlfühlt und es am liebsten gar nicht mehr ausziehen möchte! Übrigens: Brautkleidgeschäfte und Hersteller sehen es nicht gerne, wenn während der Anprobe Bilder gemacht werden. Die Begleiterinnen müssen daher das Handy so lange in der Tasche lassen, bis die Entscheidung für ein Kleid definitiv gefallen ist.

DER ABLAUF

Es ist wichtig, vorab dem Berater oder der Beraterin alle Vorstellungen und Wünsche mitzuteilen, damit sie fachmännisch behilflich sein können (siehe Checkliste). Auch Informationen zur Feier können für die Auswahl des Kleides sehr hilfreich sein: Handelt es sich um eine standesamtliche oder kirchliche Trauung? Wo werdet ihr getraut? Wo wird gefeiert? Ein weiterer wichtiger Punkt ist der Preisrahmen für das Brautkleid, damit auch nur Kleider anprobiert werden, die in das Budget passen. Außerdem müssen mögliche Zusatzkosten für die Änderungsschneiderei oder mögliche Accessoires mit eingerechnet werden. Manche Brautmodengeschäfte verlangen für die Beratung auch eine Pauschale. Diese »Aufwandsentschädigung« wird dann im Falle eines Brautkleidkaufs mit dem Kaufpreis verrechnet.

DIE ANPROBE

Auch wenn schon konkrete Vorstellungen bestehen, kann es von Vorteil sein, eventuell auch Stile anzuprobieren, die eigentlich nicht infrage kommen. Denn nur so ist gewährleistet, diesen Stil tatsächlich ausschließen zu können. Außerdem lassen sich manche Kleider am Bügel nur sehr schwer beurteilen. Es lohnt sich also, sie trotzdem einmal anzuprobieren und erst dann sein Urteil zu fällen. Das gilt übrigens auch im Brautmodenatelier: Hier kannst du zu Beginn verschiedene Grundschnitte von der Meerjungfrau bis hin zur Prinzessin anprobieren, um sicherzugehen, dass dir der Stil des Kleids auch angezogen gefällt.
Steht die Form des Brautkleids fest, werden die Materialien und Details wie Ausschnitte, Träger oder Schleppe besprochen und schließlich in enger Absprache umgesetzt. Dadurch kann sichergestellt werden, dass das maßgeschneiderte Brautkleid auch genau den Vorstellungen und Wünschen der Braut entspricht.
Auf unserer Website findet ihr eine Übersicht der verschiedenen Stile.

© watschönet

Die richtige Konfektionsgröße

Da die Geschäfte nicht jedes Kleid in jeder Konfektionsgröße vorrätig haben, ist es möglich, auch Modelle anzuprobieren, die viel zu klein oder viel zu groß sind. Auch wenn es schwerfallen mag: In diesen Fällen weniger auf die Passform achten, sondern auf den Stil des Kleids und ob dieser Gefallen findet. Um alles andere kümmern sich dann die Beraterin oder der Berater, die im Anschluss alles ausmessen und das Kleid in der entsprechenden Größe bestellen und professionell anpassen lassen.

Auf sein Bauchgefühl hören

Manche Umkleidekabinen sind mit Spiegeln ausgestattet, sodass man sich bereits im Kleid betrachten kann, bevor es den Begleiterinnen präsentiert wird. In manchen Brautmodegeschäften sind die Spiegel jedoch bewusst außerhalb der Kabine angebracht, damit die Konzentration zuerst auf die Reaktionen der Begleitung fällt. Fühlt man sich jedoch von Anfang an unwohl in einem Kleid, haben sie sicherlich Verständnis dafür, wenn die Braut die Kabine gar nicht erst verlassen, sondern direkt ins nächste Kleid steigen möchte.

Say yes to the dress

Unsere Erfahrung lehrt uns: Wenn es das richtige Kleid ist, wird es sofort bemerkt. Tränen sind übrigens kein Indiz dafür – einfach auf das Bauchgefühl hören! Sobald das richtige Kleid gefunden wurde, ist es an der Zeit, die Sektkorken knallen zu lassen und gemeinsam anzustoßen. Dieser Augenblick soll in vollen Zügen genossen werden, denn er ist der Auftakt für einen großen Auftritt.

DIE GÜNSTIGERE ALTERNATIVE

Das Brautkleid von der Stange

Obwohl eine fachmännische Beratung in einem Brautmodengeschäft durch nichts zu ersetzen ist, gibt es auch günstige Alternativen für alle Bräute mit kleinerem Budget. So bieten immer mehr Modeketten wie H&M, Esprit, Topshop oder auch Online-Händler wie Asos inzwischen eigene Hochzeitskleid-Kollektionen an. Diese günstigeren Alternativen von der Stange lassen sich ganz entspannt und ohne Terminabsprache zu Hause anprobieren. Vorsicht sollte jedoch immer bei Brautkleidern ausländischer Anbieter geboten sein, die Kopien von Designerkleidern im Internet anbieten. Bei diesen vermeintlichen Schnäppchen handelt es sich leider in den seltensten Fällen um seriöse Angebote.

Secondhand oder Brautkleid-Verleih

Günstige, aber qualitativ hochwertige Brautkleider gibt es in Brautmodenläden, die sich auf Secondhand-Hochzeitskleider spezialisiert haben. Das ist nicht nur besonders nachhaltig, sondern macht eventuell sogar das extravagante Designerstück erschwinglich!

Wer keinen Wert darauf legt, das Kleid nach der Hochzeit als Andenken zu behalten, kann auch auf einen Brautmodenverleih zurückgreifen. Hier gilt es jedoch, genau zu vergleichen! Denn je nach Modell kann es letztendlich trotzdem günstiger sein, ein Brautkleid zu kaufen und nach der Hochzeit weiterzuverkaufen. Achte zudem auf die jeweiligen Konditionen des Verleihs, denn nicht selten fallen Kosten für die Kaution, mögliche Änderungen und die Reinigung an.

© Zaubermomente

Mein Traumkleid

DER BRÄUTIGAMANZUG

Für die meisten Bräutigame gehört der Anzug zu den wichtigsten Vorbereitungen für die Hochzeit. Es zählt immer das Gebot: zuerst das Brautkleid, dann der Anzug. Um eine gute Abstimmung der Farben zu garantieren, sollte man ein Stück Stoff des Brautkleides zur Auswahl des Anzugs mitnehmen. Ca. 6 Monate vor der Hochzeit ist der richtige Zeitpunkt, um einen Beratungstermin zu vereinbaren. So ist sichergestellt, dass der Berater auch genügend Zeit zur Verfügung hat. Doch was gilt es, beim Anzugkauf zu beachten? Welche Möglichkeiten gibt es? Maßanfertigung oder von der Stange? Hier folgt eine kleine Zusammenfassung der gängigen Kleidungsregeln für den Bräutigam.

© WILVORST

Die standesamtliche Hochzeit

Für die standesamtliche Hochzeit ist traditionell meist ein Anzug in gedeckten Farben wie Dunkelblau, Dunkelgrau, Dunkelgrün oder Schwarz empfehlenswert. Wer sich nicht der Tradition beugen will, kann auch eine kräftigere Farbe oder eine helle Stoffvariante wählen. Der schlichte Oxford-Schuh ist immer der richtige Begleiter.

Der englische Brauch, und hierzulande mittlerweile gängig, ist der Cutaway.

Er ist der vornehmste, formelle Anzug, den Mann am Tage trägt. Zum Cutaway gehören eine silberne Weste und ein Plastron. Das Plastron ist der Vorläufer der heutigen Krawatte. In der Regel wird es locker mit ein bis zwei offenen Knöpfen am Hemdkragen getragen.

Wenn ihr euch jedoch für weniger formelle Kleidung entscheidet, dann sollte das Brautkleid auf den Stil des Bräutigams angepasst sein.

Die Trauzeugen und die Gäste sind grundsätzlich immer etwas zurückhaltender gekleidet. Häufig gibt man auch einen Dresscode vor, sodass sich alle sicher sein können, richtig gekleidet zu sein. Die Farben Weiß, Ivory und Creme sind jedoch ausschließlich dem Brautpaar vorbehalten.

Die kirchliche Trauung

Für die kirchliche Trauung wird auf dunkle Farben wie Schwarz, Dunkelblau oder Dunkelgrau zurückgegriffen. Achtung: Dunkelgrau wird häufig als zu »businesslike« eingestuft. Egal, welche Farbe ausgewählt wurde, der Anzug sollte immer mit einer Schmuckweste vervollständigt werden. Für den festlichen Anlass wird die Schmuckweste aus glänzendem Brokatstoff meist mit floralem oder Paisley-Muster angefertigt. Die perfekte Ergänzung dazu ist das passende Einstecktuch und Plastron oder Krawatte.

Natürlich kann der Anzug auch speziell zu eurem Thema angefertigt werden. Habt ihr euch z. B. eine Hochzeit im 20er-Jahre-Stil ausgesucht oder das Thema Greenery, Boho, Vintage gewählt, dann sind eurer Fantasie keine Grenzen gesetzt. Sprecht den Schneider oder Masskonfektionär direkt auf euer Thema an. Beim Hemd empfehlen wir, sich an der Farbe des Brautkleides zu orientieren.

© WILVORST

Die Accessoires

Die Accessoires greifen fließend ineinander über. Tagsüber sind Krawatte oder Plastron angesagt. Abends kann man auch zu einer Fliege oder Schleife greifen. Zu dem Plastron tagsüber oder der Fliege am Abend gehört in jedem Fall ein Smokinghemd mit verdeckter Knopfleiste und Kläppchenkragen oder Stehkragen, die mondäne Umschlagmanschette aus doppelter Stofflage mit betont längeren Ärmeln mit Manschettenknöpfen rundet den eleganten Stil ab.

Auch auf das passende Schuhwerk muss geachtet werden. Während der klassische Oxford Schuh beim Standesamt die richtige Wahl ist, sollte man bei der eleganten Variante einen Lackschuh in Betracht ziehen.

Auch hier zählt für die Trauzeugen und Gäste, dass sie immer etwas zurückhaltender gekleidet und die Farben Weiß, Ivory, Creme ausschließlich dem Brautpaar vorbehalten sind.

Die freie Trauung

Für die freie Trauung gibt es keine gesellschaftlichen Regeln. Hier zählt der eigene Geschmack, jedoch kann man sich an den oberen Themen orientieren. Grundsätzlich zählt auch hier: Das Brautpaar sollte aufeinander abgestimmt gekleidet sein.

DRESSCODES

Der **»dunkle Anzug«** ist die legerste Bekleidungsform für festliche Anlässe. Das heißt, das Outfit sollte elegant sein. Ein einreihiger, dunkler Anzug in Schwarz, Dunkelblau oder Nachtgrau mit einem langärmeligen Hemd bietet sich perfekt an. Dieses kann entweder unifarben oder dezent gemustert sein. Bestenfalls gehören eine Krawatte und Lederschuhe in Oxfordform dazu. Das passende Einstecktuch rundet das Erscheinungsbild optimal ab.

Der **Black Tie** oder **»Cravate Noir«,** auch **»kleiner Gesellschaftsanzug«** genannt, wird bei einer Veranstaltung ab 18:00 Uhr getragen. Es wird ein schwarzer oder nachtblauer Smoking erwartet. Entgegen der Erwartung Tie = Krawatte wird hierzu eine schwarze Fliege mit einem weißen Smokinghemd mit Klappkragen, versteckter Knopfleiste und Manschettenknöpfen kombiniert. Ein Kummerbund, auch Hüftbund, aus schwarzer Seide oder eine Weste sowie ein passendes Einstecktuch komplementieren das Outfit. Wenn man sich für ein zweireihiges Jackett entscheidet, kann man auf die Weste verzichten. Hierzu passen Glattleder- oder Lackschuhe im Oxford Stil.

DAS SMOKING-JACKET

Es gibt ein paar Merkmale, an denen man einen Smoking erkennen kann.

Beginnen wir mit der Farbe: Hier bei uns in Mitteleuropa wird gerne der schwarze oder mitternachtsblaue Smoking getragen. In wärmeren Regionen kann die Wahl jedoch auch auf einen cremefarbenen oder weißen Farbton fallen. Dies wird als Dinnerjacket bezeichnet und bei Veranstaltungen im Freien oder auf Kreuzfahrtschiffen getragen.

Das Smoking-Jackett wird nur mit einem Knopf geschlossen. Der Aufschlag oder die Klappe ist die nach außen geschlagene obere Vorderkante eines Sakkos und wird im Fachjargon das Revers genannt. Es ist niemals in demselben Oberstoff wie das Jackett gearbeitet. Es gibt zwei unterschiedliche Formen des Revers.

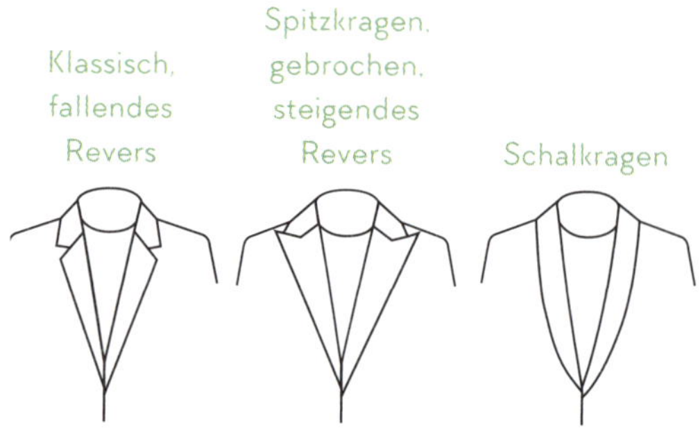

Die Taschen und die Knöpfe sind immer mit schwarzer Seide, Satin für den edlen Glanz oder in der klassischen englischen Variante aus Seidenripp abgesetzt.

Die Taschen des Smokings zeigen immer die elegante Paspeltaschen-Form, sie besteht aus zwei parallel laufenden Paspeln, der Tascheneingriff befindet sich zwischen diesen beiden Paspeln.

DIE SMOKING-HOSE

Sie hat weder Umschläge noch Gürtelschlaufen oder Gesäßtaschen. Die Hose wird von innen an den Bund angeknöpft und mit Hosenträgern gehalten. Der klassische Seitenstreifen wird einfacher Galon genannt. Er ist ein zum Revers passender Außenstreifen, der die Längsnaht entlang des Beins abdecken soll. Der Galon verdeckt auch den Eingriff der Seitentaschen.

TIPP

Der Smoking wird ohne Uhr getragen.

WHITE TIE ODER GROSSER GESELLSCHAFTSANZUG

Damit ist der Frack gemeint. Es ist der imposanteste Anzug und das eleganteste Kleidungsstück, das ein Mann zu einer Abendveranstaltung anziehen kann.

Er wird ausschließlich ab 17:00 Uhr oder nach Sonnenuntergang getragen.

Das Erkennungsmerkmal für einen Frack sind die auf der Rückseite auf Knielänge verlängerten Rückenpartien, auch »Schwalbenschwänze« genannt. Diese Verlängerungen des Frack-Jacketts werden als »Schoß« bezeichnet, denn dieser Teil des Rockes wird mit der Taillennaht an der Taille angesetzt. Ein weiteres Merkmal ist, dass der Frack keinen Schließknopf besitzt. Somit steht er immer 3–4 cm offen. An der Vorderseite ist er taillenkurz geschnitten.

Zu einem Frack gehören immer eine schwarze Frackhose, eine weiße Weste, eine weiße Fliege und ein weißes Frackhemd mit Stehkragen. Dazu werden schwarze Lackschuhe getragen. So will es der »Knigge« sehen.

Die schwarze Frackhose hat an der Seite zwei Gallons und – ebenso wie die Smoking-Hose – keine Umschläge. Die Hose wird nur mit Hosenträgern getragen, niemals mit Gürtel. Die Frackweste sollte gleich lang oder maximal zwei Zentimeter länger als das taillenlange Jackett sein.

TIPP

Zu einem Frack wird keine Uhr getragen, höchstens eine Frackuhr mit Kette.

Das weiße Frackhemd mit gestärkter Piquébrust hat Frackknöpfe, auch Splintknöpfe genannt, aus Perlmutt oder Brillanten sowie einen Klappkragen, auch als »Vatermörder« bekannt. Es hat einfache Manschetten, die mit Manschettenknöpfen geschlossen werden. Empfohlen wird, dass die Manschetten 2 cm breit unter den Jackett-Ärmeln hervorschauen. Dazu wird eine weiße Piquè Schleife/ Fliege kombiniert.

Die Accessoires zum Frack

Die Glacéhandschuhe sind bei Hochzeiten eher unüblich, beim Wiener Opernball jedoch unabkömmlich. Dort werden sie nur zur Begrüßung und zum Essen ausgezogen.

Die Socken sollten immer schwarz sein und so lang, dass man auch im Sitzen keine Haut sieht.

Das Taschentuch Ein klassisches weißes Baumwolltaschentuch ist dazu üblich.

Der Zylinder ist ein Highlight des Outfits. Er ist meist zusammenklappbar und wird daher auch Chapeau Claque genannt.

Der Frackmantel ist einem Cape ähnlich und wird aus demselben Obermaterial wie der Frack gefertigt.

Der Frackstock ist ein Accessoire aus vergangener Zeit: ein Stock, der mit Klavierlack veredelt und mit einem silbernen Knauf als Griff versehen ist.

© Watschönet

Traditionen

Die meisten der heute bekannten Hochzeitsbräuche kommen aus langjährigen Traditionen und wurden von verschiedenen kulturellen Einflüssen geprägt. In diesem Kapitel erfahrt ihr Wissenswertes über die Hintergründe vieler Hochzeitsbräuche vom Polterabend über den Brautstraußwurf bis zur Morgengabe.

Jeder Brauch führt auf seine eigene Art und Weise besondere Momente herbei, die für immer in Erinnerung bleiben sollen.

Darüber hinaus stärken Traditionen nicht nur die Bindung zwischen euch beiden, dem Brautpaar, sondern auch die Verbundenheit zu euren Liebsten.

DER POLTERABEND

»Scherben bringen Glück« – ganz nach diesem alten und bekannten Motto wird beim Polterabend altes Porzellan zerschlagen, wie beispielsweise Teller, Tassen und Steingut. Dieser Brauch soll euch, das Brautpaar, vor bösen Geistern schützen. Dabei muss man darauf achten, dass kein Glas zerschlagen wird. Denn Glas steht für Glück und darf auf keinen Fall zerbrochen werden. Der Scherbenhaufen wird von euch zusammen aufgekehrt. Dies zeigt, dass ihr auch in eurer gemeinsamen Zukunft zusammen halten werdet. Üblicherweise findet der Polterabend mit Freunden und Familie am Abend vor der kirchlichen Trauung statt.

DAS BRAUTWECKEN

Vor allem in ländlichen Regionen hat am Hochzeitsmorgen das Brautwecken Tradition. Üblicherweise verbringt die Braut ihre letzte Nacht vor der Ehe im Haus ihrer Eltern, wo sie am Morgen der Hochzeit von Freunden mit viel Geschrei und Böllern geweckt wird. In manchen Fällen unterstützt vom örtlichen Schützenverein oder den Musikern der Blaskapelle. Der dabei veranstaltete Lärm soll den neuen Lebensabschnitt symbolisieren und böse Geister vertreiben.

DIE EHERINGE NIEMALS IN FREMDE HÄNDE GEBEN

Der Ehering ist als Symbol der Hochzeit kaum wegzudenken. Doch so schön er auch ist, ihr solltet ihn nicht in fremde Hände geben. Der Aberglaube besagt, dass dies Untreue und Unglück über die Ehe bringt.

ETWAS ALTES, ETWAS NEUES, ETWAS GELIEHENES, ETWAS BLAUES

Ursprünglich eine alte englische Tradition, mittlerweile ist es aber auch in Deutschland bei vielen Bräuten üblich, am Hochzeitstag »etwas Altes, etwas Neues, etwas Geliehenes und etwas Blaues« zu tragen.

Das »Alte« steht für das bisherige Leben der Braut. Da in diesem Lebensabschnitt die Familie besonders wichtig war, fällt die Wahl meistens auf ein Familien-Schmuckstück.

Das »Neue« symbolisiert das zukünftige glückliche Leben in der Ehe. Oft ist dies das Brautkleid oder auch der Brautschmuck.

Das »Geliehene« wird meistens von der eigenen Mutter oder einer lieben, im Idealfall glücklich verheirateten Freundin bereitgestellt. Als ein Zeichen der Freundschaft soll es Geborgenheit vermitteln und der neuen Ehe Glück bringen. Häufig werden hierfür ein Stofftaschentuch, Schuhe oder Schmuck ausgewählt.

Ein Symbol der Treue stellt schließlich das »Blaue« dar. In Form eines Strumpfbandes, einer kleinen blauen Schleife, einem Stück Stoff oder einem Knopf vervollständigt es den Brauch.

DIE BLUMENKINDER

Ein schöner Brauch ist es, die Hochzeitszeremonie mit Blumenkindern zu bereichern. Die Blumenkinder geleiten euch zum Altar sowie auch wieder aus der Kirche hinaus und säumen mit Blütenblättern den Weg des Paares. In der Tradition heißt es, die Fruchtbarkeitsgöttin Demeter werde durch den Duft der Blumen angelockt und beschere euch reichlich Nachwuchs.

Meist freuen sich die Kinder sehr darüber, eine so besondere Rolle bei der Zeremonie spielen zu dürfen. Ganz besonders süß ist es, wenn man den Kleinen ein Schild mit auf den Weg gibt, das dem Bräutigam seine Braut ankündigt. Als Alternative zu Blüten werfen Gäste oft auch Reis oder Konfetti oder sie lassen Seifenblasen fliegen.

SPALIER STEHEN

Als Spalier kennt man klassisch einen Rosenbogen, der von Freunden und Verwandten vor der Kirchentür oder beim Auszug bei einer freien Trauung gebildet wird. Häufig wird diese Gasse mittlerweile auch aus Gegenständen gebildet, die mit einem eurer Hobbies in Verbindung gebracht werden. Unter diesem Spalier schreitet ihr aus der Kirche heraus und symbolisiert damit, dass ihr gemeinsam durchs Leben gehen und alle Schwierigkeiten meistern werdet.

DIE AUTOANTENNEN-SCHLEIFCHEN

Um ein Zusammengehörigkeitsgefühl der Hochzeitsgesellschaft zu schaffen und sicherzugehen, dass sich kein Gast verfährt, können farbige Bändchen an die Autoantennen der Gästeautos gebunden werden, die in einem Autokorso dem Brautauto zur Hochzeitslocation folgen. Die Bändchen dürfen nach der Hochzeit nicht abgenommen werden, sondern müssen von alleine abfallen, sonst bringt es Unglück.

DIE DOSEN AM BRAUTAUTO

Leere, scheppernde Dosen bzw. Blechbüchsen, die an der hinteren Stoßstange des Brautautos befestigt werden, sollen auf dem Weg von der Kirche zur Feierlocation böse Geister vertreiben und dem Brautpaar die größtmögliche Aufmerksamkeit verschaffen. Die Gäste im nachfolgenden Autokorso unterstützen die Prozedur mit lautem Hupen.

DAS BETTLAKEN-HERZ

Bei diesem sehr bekannten und immer noch häufig eingesetzten Brauch schneidet ihr gemeinsam mit einer Schere aus einem Bettlaken ein großes Herz heraus. Im Anschluss trägt der Bräutigam seine Braut durch das Herz symbolisch in das glückliche Eheleben. Hürden in eurem gemeinsamen Leben sollen zusammen überwunden werden und der Bräutigam seine Braut immer auf Händen tragen.

DIE BRAUTENTFÜHRUNG

Hierbei handelt es sich um einen Brauch, bei dem die Braut während der Hochzeitsfeier von ihren besten Freunden entführt wird. Der Bräutigam bekommt nur ein paar Hinweise und begibt sich auf die Schnitzeljagd, um seine Braut wiederzufinden. Meist endet die Entführung in einer nahegelegenen Bar oder einem Restaurant. Der Bräutigam muss die Braut »freikaufen«, erst dann darf er sie wieder in den Armen halten.

DAS BRAUTSTRAUSS-WERFEN UND DAS STRUMPFBANDWERFEN

Diese Tradition kommt ursprünglich aus den USA: Die Braut wirft ihren Brautstrauß in die Menge der unverheirateten, weiblichen Hochzeitsgäste. Der Brauch besagt, wer den Brautstrauß fängt, wird die nächste Hochzeit feiern. Inzwischen darf dieser Brauch auch in Deutschland auf keiner Hochzeit mehr fehlen. Da die meisten Bräute ihren Brautstrauß jedoch nicht weitergeben wollen, wird hier eine kleinere Ausfertigung geworfen. Somit kann die Braut ihren Brautstrauß trocknen und zur Erinnerung aufbewahren.

In den USA ist neben dem »Brautstraußwerfen« noch ein weiterer Brauch gängig. Auch unter den unverheirateten Männern muss der nächste Bräutigam ausgemacht werden. Hierfür zieht der frisch verheiratete Ehemann seiner Braut das Strumpfband aus und wirft es in die Runde der unverheirateten Männer. Der Fänger muss mit der Brautstrauß-Fängerin tanzen. Eventuell entsteht aus diesem Tanz das nächste Hochzeitspaar.

DIE HOCHZEITSTORTE ANSCHNEIDEN

Weltweit verbreitet ist die Tradition, dass das Brautpaar gemeinsam die Hochzeitstorte anschneidet. Dabei umfassen beide gemeinsam das Messer. Wer hierbei die Hand oben hat, wird in der Ehe das Sagen haben.

DIE BRAUTSCHUH-VERSTEIGERUNG

Ein beliebter Brauch ist es, der Braut auf der Hochzeitsfeier einen Schuh zu »stibitzen«, um ihn anschließend symbolisch zu versteigern. Die Hochzeitsgäste legen ihre Gebote in Form von Geld in den Schuh, wobei der Bräutigam zuletzt »bietet«. Das gesammelte Geld kommt dem Brautpaar zugute – und die Braut erhält ihren Schuh wieder zurück.

DER HOCHZEITSTANZ

Jeder kennt diesen Brauch, er ist bekannt wie kein anderer. Häufig ist der erste Tanz mit der Braut für den Brautvater reserviert. Im Anschluss tanzt auch der Schwiegervater einen Tanz mit der Braut und übergibt sie an den Bräutigam. Das Brautpaar eröffnet den Tanz mit einem klassischen Hochzeitswalzer. Gemäß der Tradition stimmen nach und nach die Trauzeugen und dann die restlichen Gäste mit ein. So ist garantiert, dass die Tanzfläche gut gefüllt ist.

DIE SCHLEIERABNAHME

Nicht nur Schwieger-und Brautvater spielen eine wichtige Rolle bei den Traditionen. Auch die Schwieger- und Brautmutter haben ihren Aufgabenbereich. Pünktlich um Mitternacht beginnt das Leben der Braut als Ehefrau und ihr wird der Schleier von der Schwieger-/Brautmama abgenommen. Nun darf jeder ihre wahre Schönheit sehen.

Eine andere Variante der Schleierabnahme ist der Schleiertanz. Hier tanzt die Braut alleine auf der Tanzfläche. Nach und nach kommen alle unverheirateten Frauen hinzu und versuchen, ein Stück des Schleiers abzubekommen. Wer das größte Stück erwischt, wird die nächste Braut sein. So besagt es die Tradition.

DIE BRAUT ÜBER DIE SCHWELLE TRAGEN

Bei dem Betreten des neuen Heimes muss der Bräutigam die Braut über die Schwelle tragen. Denn unter der Türschwelle lauern böse Geister, die der Braut das Glück nicht gönnen. Um die Braut vor diesen Dämonen zu beschützen, muss sie über die Schwelle getragen werden. Symbolhaft wird sie hier in eine neue Lebensphase getragen.

EINEN BAUM PFLANZEN

Diese Tradition baut auf einer alten Redenswendung auf. Ein Mann sollte drei Dinge in seinem Leben tun: ein Haus bauen, ein Kind zeugen und einen Baum pflanzen. Sinnbildlich steht der Baum schon immer für das Leben, er ist durch seine Wurzeln fest verankert mit der Erde. Häufig wird der Setzling noch am Tag der Hochzeit gepflanzt. Bei der Wahl des Baumes solltet ihr die Bedeutung der Baumarten genau kennen.

Der Olivenbaum

Er ist fruchtbar und beständig, dies soll auch dem Brautpaar in ihrer Liebe widerfahren.

Der Apfelbaum

DER Symbol-Baum für die Liebe und Ehe. Seine reinen weißen Blüten stehen für Fruchtbarkeit und Schönheit.

Die Weide

Sie ist die Pflanze der Dichter und Denker, sie schützt vor Eifersucht und ist ein Zeichen für Frühling und Hoffnung.

Die Eiche

Sie symbolisiert Kraft und Beständigkeit und hilft den Eheleuten über alle Höhen und Tiefen hinweg.

Die Eberesche

Der Aberglaube besagt, dass sie das Brautpaar vor Blitzeinschlägen und bösen Zaubern beschützt.

Der Haselnussbaum

Der weise Baum steht für Fruchtbarkeit und Glück und speichert alles Gute in seinem Kern.

Die Birke

Sie hält die bösen Geister von Grund und Boden fern.

DIE MORGENGABE

Der Bräutigam macht seiner frisch angetrauten Braut am nächsten Morgen oft ein besonderes Geschenk als Erinnerung. Mittlerweile ist es üblich, dass auch die Braut dem Bräutigam etwas Besonderes schenkt, das ihn an diesen Tag erinnert.

DEN BRAUTSTRAUSS TROCKNEN

Nach dem unvergesslichen Fest bleiben häufig tolle Erinnerungen und schöne Bilder. Die Floristik jedoch ist vergänglich. Da viele Bräute diesen Tag nicht vergessen möchten, trocknen sie ihren Brautstrauß und haben so eine stetige Erinnerung an diesen Tag.

Tages-gestaltung

Beim Thema Hochzeitsspiele scheiden sich bekanntlich die Geister: Während sie für viele Brautpaare einfach dazugehören,, lehnen andere sie prinzipiell ab und vermerken das meist auch schon auf der Einladungskarte, um Diskussionen oder auch Enttäuschungen zu vermeiden.
Der Großteil der Brautpaare entscheidet sich jedoch für Hochzeitsspiele und lässt sich gerne von seinen Gästen überraschen, schließlich sorgen sie in den meisten Fällen für gute Stimmung, fördern das Kennen-lernen untereinander und überbrücken auch schon mal längere Wartezeiten.

Hochzeitsspiele

Man unterscheidet zwischen Spielen, die sich ausschließlich an das Brautpaar richten (z. B. Bettlakenherz), Spielen, bei denen sowohl das Brautpaar als auch die Gäste involviert sind (z. B. Wer ist wer?) sowie Spielen, die ausschließlich für die Gäste gedacht sind (z. B. Fingerabdruck-Leinwand). Um die Spiele am Hochzeitstag besser koordinieren und zeitlich einplanen zu können, ist es üblich, die Trauzeugen oder den Zeremonienmeister vorab darüber zu informieren. Im Folgenden findet ihr die fünf beliebtesten Hochzeitsspiele unserer Brautpaare aus dem Raum Stuttgart und Böblingen. Lasst euch inspirieren!

PLATZ 5: BETTLAKENHERZ

Dieses Spiel ist ein beliebter Klassiker vor dem Standesamt oder der Kirche – auch bei unseren Brautpaaren! Dabei müssen Braut und Bräutigam mit kleinen oder sogar unscharfen Scheren ein aufgemaltes Herz aus einem gespannten Bettlaken ausschneiden. Das Bettlaken symbolisiert dabei das erste Hindernis zum gemeinsamen Weg ins Eheleben, das von beiden gemeinsam bewältigt werden soll. Ist die Arbeit vollbracht, trägt der Bräutigam die Braut ganz traditionell durch das Herz, alternativ kann das Brautpaar jedoch auch gemeinsam hindurchsteigen – der perfekte Moment für einzigartige Fotos! Wer mag, lässt das ausgeschnittene Herz zudem von den anwesenden Gästen unterschreiben und überreicht es dem Brautpaar anschließend als Geschenk.

Alles, was ihr für dieses Spiel benötigt:

- ein großes weißes Bettlaken mit aufgemaltem Herz und ggf. den Namen/Initialen des Brautpaars und dem Hochzeitsdatum
- Gäste, die das Tuch halten
- 2 kleine und/oder unscharfe Scheren
- ggf. Textilstifte

PLATZ 4: WER IST WER?

Bei diesem Kennenlernspiel können die Gäste bzw. ihr Verhältnis zum Brautpaar auf spielerische Art und Weise herausgestellt werden. Braut und Bräutigam sitzen dabei vor den Gästen, neben oder hinter ihnen steht der Spielleiter, der nacheinander Plakate mit verschiedenen Aussagen in die Höhe hält (z. B. »Wer ist mit der Braut verwandt?« oder »Wer war schon einmal mit dem Bräutigam im Urlaub?«). Diejenigen unter den Gästen, auf die die Aussage zutrifft, müssen aufstehen. Die Aufgabe des Brautpaars ist es nun, die Aussage bzw. Gemeinsamkeit anhand der aufgestandenen Personen zu erraten. Damit das Spiel nicht an Spannung verliert, empfiehlt es sich, die letzten Aussagen vermehrt lustig zu gestalten.

Alles, was ihr für dieses Spiel benötigt:

- 5 bis max. 10 Plakate mit vorformulierten Fragen (auf Größe und Lesbarkeit achten, vor allem bei größeren Räumlichkeiten!)

PLATZ 3: BAUMSTAMM SÄGEN

Das Baumstammsägen gehört zu den bekanntesten deutschen Hochzeitsbräuchen. Dabei muss das Brautpaar, meist direkt nach der Trauung, gemeinsam einen Baumstamm durchsägen und damit beweisen, dass es auch schwierige Situationen erfolgreich meistert.

Alles, was ihr für dieses Spiel benötigt:

- einen Säge-Bock
- einen Baumstamm
- eine Säge
- Handschuhe für das Brautpaar (ggf. auch eine Schutzbrille)

Statt die Einzelteile im Baumarkt zu besorgen, könnt ihr das Zubehör übrigens auch als Set im Internet kaufen.

PLATZ 2: EHETAUGLICHKEITSTEST

Bei diesem Spiel setzt sich das Brautpaar auf zwei Stühle, die mit dem Rücken zueinander stehen. Anschließend erhalten sie jeweils einen symbolischen Gegenstand für Braut und Bräutigam in die Hand, meist sind das die Schuhe, die sie am Hochzeitstag tragen. Der Moderator des Spiels – beispielsweise ein Trauzeuge oder der Zeremonienmeister – liest daraufhin verschiedene Fragen vor (z. B. »Wer braucht morgens länger im Bad?«), auf die das Brautpaar stillschweigend antworten muss, indem es den jeweiligen Gegenstand in die Höhe hält. Für jede übereinstimmende Antwort erhält das Brautpaar eine Belohnung.

Alles, was ihr für dieses Spiel benötigt:

- vorformulierte Fragen
- Belohnung nach Wahl
- Herren- und Damenschuhe oder andere symbolische Gegenstände

PLATZ 1: HERZBLATT

Bei diesem Spiel, in Anlehnung an die TV-Show mit Rudi Carrell, werden Braut und Bräutigam durch ein Tuch voneinander getrennt. Auf der linken Seite des Tuchs sitzt die Braut, auf der rechten Seite sitzen der Bräutigam sowie zwei männliche Gäste. Die Braut stellt den drei Kandidaten vorformulierte Fragen – am besten mit einem persönlichen Bezug –, die sie nacheinander beantworten müssen (z. B. »Wie stellst du dir einen romantischen Abend zu zweit vor?«). Um sicherzustellen, dass die Braut ihr Herzblatt nicht anhand der Stimme, sondern tatsächlich anhand der Antworten erkennt, gibt es nun zwei Möglichkeiten: Entweder wählen die Männer weitere männliche Gäste aus, die als ihr Sprachrohr fungieren und die im Voraus schriftlich festgehaltenen Antworten vorlesen, oder die Kandidaten antworten selbst mit verzerrter Stimme, indem sie kurz zuvor Helium aus einem Luftballon einatmen. Nachdem alle Fragen beantwortet wurden und sich die Braut für einen Kandidaten entschieden hat, wird das Geheimnis gelüftet, ob es sich dabei tatsächlich auch um den Bräutigam handelt.

Alles, was ihr für dieses Spiel benötigt:

- ein Tuch (und ggf. Gäste, die das Tuch halten)
- vorformulierte Fragen
- schriftliche Antworten
- bei Variante 2: drei mit Helium gefüllte Luftballons

Im Folgenden findet ihr weitere Ideen zur Beschäftigung eurer Gäste.

IDEEN, UM EURE HOCHZEITSGÄSTE ZU BESCHÄFTIGEN

Ihr seid noch auf der Suche nach Ideen, um die Zeit zwischen eurer Trauung und der Feier zu überbrücken oder um die Hochzeitsgäste zu beschäftigen, während ihr beim Paarshooting mit eurem Fotografen seid? Hier sind unsere Tipps, mit denen garantiert keine Langeweile aufkommt!

PHOTOBOOTH

Nach wie vor ein Dauerbrenner auf Hochzeiten: die sogenannte Photobooth. Ob klassische Fotobox, Fotospiegel oder Fotocaravan, das Prinzip ist immer das Gleiche: Einfach ein paar Requisiten wie Hüte, Brillen oder Perücken bereitlegen – und die Hochzeitsgäste können sich nach Lust und Laune immer wieder neu verkleiden und mithilfe eines Selbstauslösers lustige Bilder von sich machen. Und dank des integrierten Druckers erhalten eure Gäste ihre Bilder bereits innerhalb weniger Minuten. Apropos Bilder: Diese Schnappschüsse eignen sich auch super fürs Gästebuch! Legt es in diesem Fall am besten in der Nähe der Fotobox aus, damit sich eure Gäste gleich verewigen können. Im Anschluss an eure Hochzeit bekommt ihr bei den meisten Anbietern das gesamte Bildmaterial auf einem Stick oder in einer Onlinegalerie. So könnt ihr den ein oder anderen Schnappschuss auch zu der Danksagungskarte dazu legen.

KENNENLERNSPIELE FÜR DIE HOCHZEITSGÄSTE

Ob Familienmitglieder, Kollegen oder alte Schulfreunde – oftmals sehen sich die Gäste auf der Hochzeit zum ersten Mal. Kleine Kennenlernspiele können dabei helfen, das Eis zu brechen und fürs Gesprächsstoff zu sorgen. Wie wäre es beispielsweise mit einer kleinen Übersicht aller Gäste, die ihr in Form eines kleinen Heftes auf den Tischen auslegt? Ihr wollt die Hochzeitsgäste bei eurer Ansprache genauer vorstellen? Dann reicht auch ein einfacher Tischaufsteller mit spannenden und interessanten Fakten zu den jeweiligen Tischnachbarn. Wer es etwas anonymer halten will, kann auch einfach nur verschiedene Gesprächsthemen auflisten. Eine weitere Möglichkeit der Kontaktaufnahme zwischen euren Gästen sind Fotospiele. Dabei erhält jeder Gast eine kreative Fotoaufgabe, die er im Laufe der Feier erfüllen soll (z. B. »Fotografiere den größten und den kleinsten Gast!«). Damit kommen eure Gäste garantiert ins Gespräch!

OUTDOOR-SPIELE

Was erst einmal nach Kindergeburtstag klingt, ist jedoch genau genommen ein großer Spaß für Kinder und Erwachsene und bietet sich vor allem für Sommerhochzeiten an. Denn je höher die Temperaturen, desto später zieht es die Hochzeitsgäste in das Innere der Feierlocation. Wie wäre es beispielsweise mit einem überdimensionalen Jenga-Spiel, Vier-Gewinnt, Domino, Ring- oder Dosenwerfen oder auch einem Bobbycar-Parcours für die Kleinen?

STADTRUNDFAHRT ODER -FÜHRUNG

Ihr heiratet in oder in der Nähe einer Stadt mit einigen Sehenswürdigkeiten? Dann könnte eine kleine Sightseeing-Tour eine ideale Möglichkeit sein, um eure Gäste auch für eine längere Zeit zu beschäftigen. Eine Stadtrundfahrt oder -führung ist dabei sicherlich auch für Gäste aus der Gegend interessant, schließlich kennt man selten alle Sehenswürdigkeiten der eigenen Heimat oder auch die Geschichten dahinter. Rundfahrten, beispielsweise per Bus, Boot oder Bahn, bieten sich vor allem dann an, wenn ihr viele Kinder oder ältere Gäste erwartet, die nicht mehr ganz so gut zu Fuß sind. Und die weiblichen Gäste mit hohen Schuhen werden es euch auch danken. Manche besonderen Locations bieten zudem eigene Führungen durch ihre Räumlichkeiten oder auch Programmpunkte an, beispielsweise eine Weinprobe auf einem Weingut.

GETRÄNKE- ODER SNACKBAR

Ob Limo-, Prosecco-, Whiskey- oder Gin-Bar, bei den vielfältigen Getränkebar-Varianten sind eurer Fantasie keine Grenzen gesetzt! Bei hochprozentigen Getränken solltet ihr auch etwas zum Knabbern bereitstellen, beispielsweise in Form einer Salty Bar mit Salzstangen, Nüssen oder Chips.

FOODTRUCK, COFFEE-BIKE & CO.

Wer sich nicht um den Auf- und Abbau von Getränke- oder Snackbars kümmern möchte, kann auch einfach eine mobile Bar anmieten. Denn die Fahrräder oder Busse sind nicht nur ein optisches, sondern auch ein kulinarisches Highlight. Ob Kaffeespezialitäten zum Kuchen, Eis als Erfrischung für Groß und Klein an heißen Sommertagen oder ein Cocktail-Truck für den Abend – das Angebot ist riesig.

KINDERTISCH

Ihr erwartet viele kleine Hochzeitsgäste? Dann bietet sich, je nach Größe der Location, ein eigener Kindertisch zum Spielen an. So können sich die Kinder spielend kennenlernen und sich nebenbei mehr oder weniger selbst beschäftigen. Es muss dabei nicht immer eine eigene Geschenktüte sein, ein paar Buntstifte, eine Papiertischdecke zum Bemalen oder auch Ausmalbilder zum Thema Hochzeit (online findet ihr übrigens auch kostenlose Vorlagen zum Selbstausdrucken), Seifenblasen oder ein Puzzle reichen dabei meist schon aus. Sollte die Kinderanzahl doch größer ausfallen, können sich auch eigene Programmpunkte für die Kleinen lohnen, beispielsweise ein Clown, ein Zauberer, eine Hüpfburg oder auch Kinderschminken.

MEET ME AT THE BAR

Ob für den kleinen Hunger zwischendurch, als kühle Erfrischung nach der Trauung oder als Mitternachtssnack, Wedding Bars erfreuen sich auf Hochzeiten immer größerer Beliebtheit! Kein Wunder, schließlich lassen sie sich gut vorbereiten und bereits mit nur wenigen Mitteln umsetzen. Vorab solltet ihr euch allerdings bei eurer Location erkundigen, ob selbst mitgebrachte Snacks und Getränke erlaubt sind. Auch ausreichend Platz an einem leicht zugänglichen Ort, an dem eure Gäste im Laufe der Feier öfter vorbeikommen, ist essenziell.

CANDY BAR

Diese üppigen Süßigkeiten-Büfetts sind auf Hochzeiten inzwischen nicht mehr wegzudenken. Denn die Candy Bars dienen oftmals nicht nur als Alternative zu den klassischen Gastgeschenken, sondern auch als dekoratives Element. Kein Wunder, denn die nostalgischen Bonbon- und Schraubgläser, Zangen und Schaufeln machen die Candy Bars auch optisch zu einem wahren Hingucker! Ob ihr die Süßigkeiten nach individuellem Geschmack oder nach Farbkonzept der Hochzeit auswählt, bleibt ganz euch überlassen. Auch wenn die meisten Süßigkeiten sicherlich direkt in den Mund wandern, solltet ihr trotzdem Servietten, Tüten oder Pappbecher zur Verfügung stellen, damit eure Gäste die süßen Leckereien mit an den Tisch oder auch als kleine Wegzehrung mit nach Hause nehmen können. Als Tischdeko eignen sich kleine Schilder oder Etiketten, Girlanden, Wabenbälle oder Papierfächer.

SALTY BAR

Für alle, die es lieber salzig mögen, ist die Salty Bar eine gute Alternative. Statt mit Süßigkeiten lockt sie mit leckeren Knabbereien wie Nüssen, Salzstangen und -brezeln, (gesalzenem) Popcorn, Chips, Flips, Crackern, Käsestangen, Grissini oder auch herzhaftem Blätterteiggebäck. Damit die salzigen Snacks stets knusprig bleiben, sollten sie erst kurz vorher in die Behälter gefüllt werden und zwischendurch möglichst dicht verschlossen werden. Legt am besten auch Feuchttücher für die Hände bereit, damit die Knabbereien keine Fettflecken auf der Kleidung eurer Gäste hinterlassen. Wer die Salty Bar als Mitternachtssnack einplant, kann dazu auch eine »Käsetorte« servieren, eine mehrstöckige Torte aus verschiedenen Käselaiben. Dazu passen Weintrauben, Chutney oder Feigensenf und Baguette.

LIMO-BAR

Vor allem bei Sommerhochzeiten stehen erfrischende, alkoholfreie Getränke beim Sektempfang hoch im Kurs, nicht nur bei Kindern, Schwangeren und älteren Gästen. Für selbst gemachte Limo braucht ihr lediglich ausreichend große Getränkespender aus Glas, die mit Wasser und frischen Früchten befüllt werden, Eiswürfel und Flaschen oder Gläser, beispielsweise Mason Jars mit Deckel und farblich passenden Strohhalmen. Für noch mehr Fruchtgeschmack könnt ihr auch ganz einfach frische Beeren vorab einfrieren und als Eiswürfel in die Limonade geben.

WHISKY BAR

Die Whisky Bar ist ein beliebter Treffpunkt für die männlichen Gäste und bildet das hochprozentige Gegenstück zur süßen Candy Bar. Edle Glasflaschen mit passenden Gläsern, stilvoll dekorierte Tische oder Servierwagen und ausgewählte Spirituosen lassen Männerherzen höher schlagen! Falls ihr die Whisky Bar in der Nähe des Außen- oder Raucherbereichs platziert, könnt ihr diese auch zu einer Cigar Bar umfunktionieren. Alles, was ihr dafür braucht, sind ein paar Zigarren, einen Zigarrenschneider sowie ein Feuerzeug – oder wenn es etwas persönlicher sein soll – individualisierte Streichholzschachteln.

DIY-Anleitungen

Hier haben wir für euch einige Kreativideen zusammengestellt:
ein hübsches Makramee-Herz, selbst gemachte Handlettering- Namenskärtchen und Faltanleitungen, um eure Servietten toll in Szene setzen zu können. Zu den Modellen findet ihr genaue Schritt-für-Schritt-Anleitungen.
Zusätzlich gibt es am Ende des Kapitels noch viele Anregungen für eure Gastgeschenke.

VON MISSMACRAMEE

Makramee-Herzen als Gastgeschenke selber machen

Ein Gastgeschenk sollte am besten etwas Persönliches sein und gleichzeitig eine schöne und bleibende Erinnerung für eure Gäste an diesen besonderen Tag darstellen. Damit sind diese kleinen Makramee- Herzen ein tolles Geschenk für eure Gäste. Zudem lassen sie sich perfekt in die Tischdekoration einbinden, wenn ihr sie auf jedem Platz, z. B. in Kombination mit den Platzkarten, in Szene setzt.

Für dieses DIY Projekt benötigst du nur 3 verschiedenen Makramee-Knoten – damit ist es das perfekte Einsteiger-Projekt.

Material

- 4 mm starkes, gezwirntes Makramee-Garn in der Farbe deiner Wahl (pro Herz benötigst du 6 Schnüre mit einer Länge von jeweils ca. 80 cm)
- Rundholz-Stab aus dem Baumarkt oder kleine Naturäste in der Länge von jeweils ca. 9 cm

Hilfsmittel

- Schere
- Kamm
- eventuell Säge zum Zusägen der Äste
- Klemmbrett oder eine Korkunterlage zum Befestigen der Aufhängung während des Knüpfens

Step-by-Step Anleitung

Befestige zunächst die sechs Schnüre mit dem Ankerstichknoten an dem Holzstück. Lege dazu das Garn zu einer Schlaufe mit zwei gleich langen Enden. Führe die Schlaufe von vorne um den Holzstab, sodass die geschlossene Seite nach unten zeigt. Führe nun die losen Enden durch diese Schlaufe und ziehe den Knoten fest. Wiederhole den Schritt bei allen sechs Schnüren.

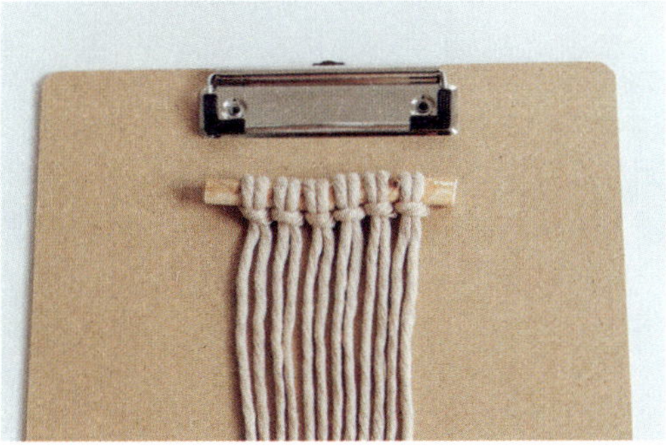

Teile nun den zweiten Ankerstichknoten von links in der Mitte in seine zwei Schnüre. Die linke Schnur legst du diagonal nach links, die rechte Schnur diagonal nach rechts. Diese Schnüre bilden deine Leitschnüre für die diagonalen Rippenknoten.

Beginne mit der linken Leitschnur und lege sie über die beiden weiteren Schnüre zu ihrer linken Seite. Nimm nun die erste danebenliegende Schnur zur Hand und bilde mit dieser die erste Schlaufe, indem du die Arbeitsschnur erst von unten nach oben über die Leitschnur führst und dann die Arbeitsschnur unter der Leitschnur und durch die dort entstandene Schlaufe nach unten führst. Ziehe den ersten Knoten fest. Daneben wird nach dem gleichen Prinzip eine zweite Schlaufe geknüpft. Halte den Leitfaden dabei gut straff. So gehst du auch mit der noch verbleibenden Schnur links außen weiter vor.

Das Gleiche passiert nun mit dem rechten Leitfaden, den du über die zwei Schnüre zu seiner rechten Seite legst und um ihn zwei Rippenknoten knüpfst.

Die gleiche »Spitzen« knüpfst du noch einmal auf der rechten Seite. In der Mitte verbindest du die beiden Leitfäden durch einen weiteren Rippenknoten miteinander. Welche der beiden Schnüre du als Leitfaden und welchen du als Arbeitsfaden verwendest, bleibt dabei dir überlassen.

In die zwei entstandenen »Spitzen« knüpfst du nun jeweils einen Kreuzknoten. Dafür verwendest du jeweils die vier Schnüre, die von den Rippenknoten eingerahmt werden.
Die Schnur, die rechts liegt, wird unterhalb der beiden Mittelschnüre nach links geführt.

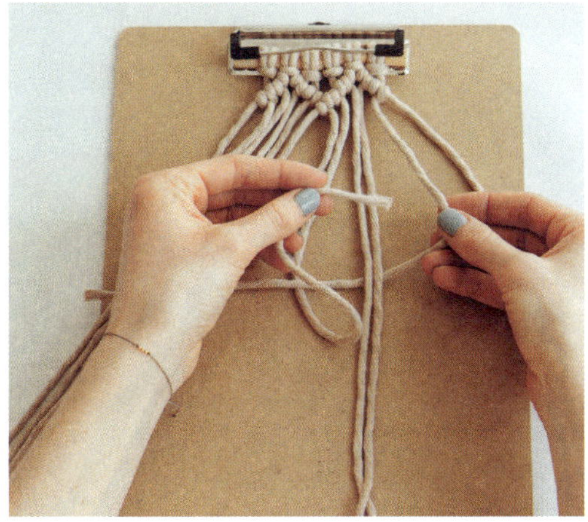

Achte darauf, dass sie über der Schnur links außen liegt. Diese linke Schnur wird nun über die Mittelschnüre nach rechts geführt und durch die entstandene Schlaufe auf der rechten Seite gezogen.

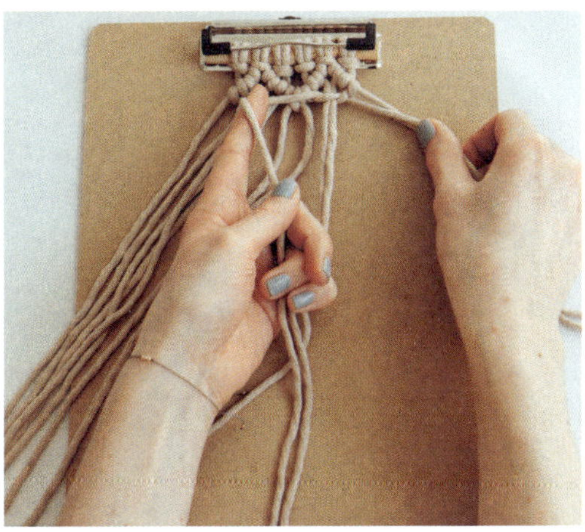

Ziehe den Knoten fest, bevor du im nächsten Schritt dieselben Schritte durchführst, jetzt aber andersherum: Die rechte Schnur wird

über die beiden mittleren Schnüre, aber unter die Schnur links außen geführt.

Die linke Schnur wird unter die zwei mittleren Schnüre geführt und von hinten durch die entstandene Schlaufe auf der rechten Seite gezogen. Nun wieder gut festziehen. Durch

diese zwei Knoten entsteht der Kreuzknoten. Wiederhole diesen Schritt in der zweiten »Spitze«.

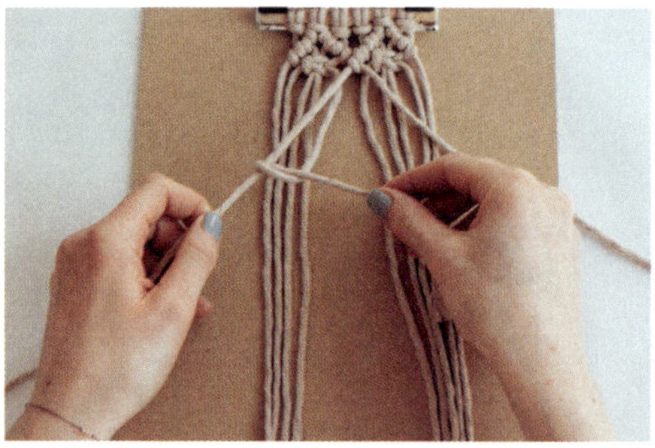

Nimm nun deine Leitfäden aus dem ersten Schritt wieder auf und ummantele die Kreuzknoten auf beiden Seiten mit weiteren Rippenknoten.

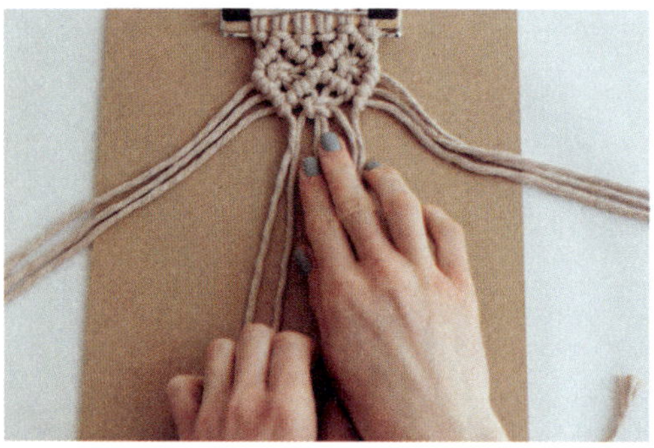

Es entsteht nun eine weitere »Spitze«, in die du ebenfalls einen Kreuzknoten knüpfst.

Wenn auch der dritte Kreuzknoten durch weitere Rippenknoten ummantelt ist, schließt du das Herz noch mit einer weiteren Reihe Rippenknoten ab. Dazu nutzt du die Fäden ganz rechts und ganz links außen als neue Leitfäden für deine letzte Reihe Rippenknoten.

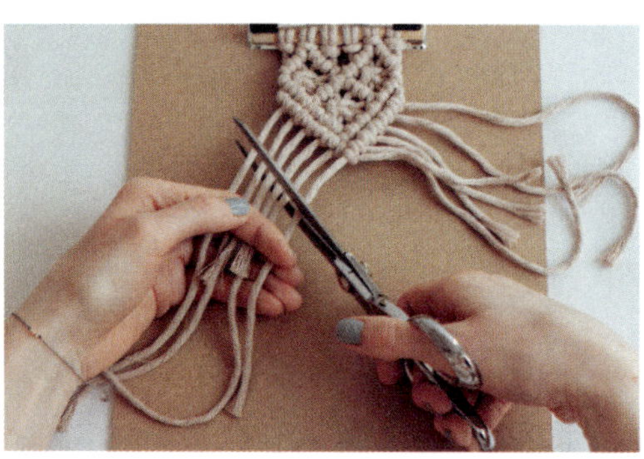

Schneide die Fäden am Ende nun auf gleiche Länge ab und kämme sie mit einem feinen Kamm aus.

Zum Schluss befestigst du noch eine Aufhängung für das Makramee-Herz. Hierzu kannst du auch einen dünneren Faden verwenden, den du mit einem Ankerstichknoten zwischen der dritten und vierten Schnur befestigst.

VON FRANZISKA DIEGELER

Anleitung zum Serviettenfalten

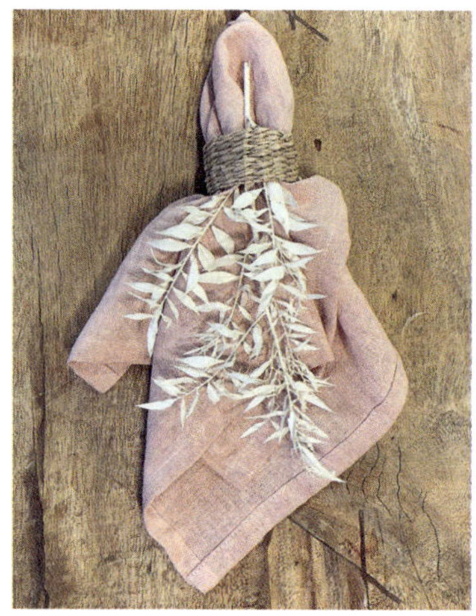

Bekanntlich spielt neben der Hochzeitslocation auch das Hochzeitsessen eine bedeutsame Rolle. Doch hier bekommt der Spruch, dass das Auge mit isst, eine ganz neue Bedeutung. Bestimmt kennt ihr das Standard Hochzeits Mise en Place: weiße Tischdecken, Stuhlhussen und Porzellangeschirr. Um der 08/15 Tischdekoration entgegenzuwirken, habe ich mir einen ganz einfachen, aber dennoch raffinierten Hingucker für eure Hochzeit überlegt. Schließlich können wir auf die Servietten beim Hochzeitsessen nicht verzichten. Mit ein paar kleinen Falttricks lassen sich daraus wunderschöne Eyecatcher für die Tische gestalten, die euer Hochzeitskonzept wunderbar abrunden.

Servietten gibt es in allen Farben und sie sind aus den unterschiedlichsten Materialien gefertigt. Du solltest bei der Auswahl unbedingt darauf achten, welche Farben und Materialien in euer Konzept passen. Ich zeige dir nun, wie du mit geringem Aufwand Leinenservietten zu einem wahren Kunstwerk machen kannst.

Für dieses DIY-Projekt benötigst du nur die passende Serviette und gegebenenfalls Accessoires.

Step-by-Step Anleitung

Falte die Serviette vollständig auf, sodass die Naht (Rückseite der Serviette) auf dem Tisch liegt. Danach greifst du mit zwei Fingern die Mitte der Serviette und ziehst sie daran nach oben. Gerne kannst du die Serviette mit der Spitze von dir weg legen.

Es gibt nun unterschiedliche Möglichkeiten Accessoires, wie Bänder oder auch Serviettenringe, mit einzubinden. Hier siehst du eine Beispielvariation mit einem Makramee-Ring. Diesen stülpst du über die Spitze bis zur gewünschten Position auf die Serviette. Im Anschluss ziehst du die Serviette unter- und oberhalb des Ringes mit beiden Händen etwas auseinander. Nun platzierst du die Serviette auf deinem Tisch und fertig ist dein kleines Kunstwerk.

Hier findest du ein paar kreative Abwandlungen der gezeigten Falttechnik.

Eine weitere Möglichkeit, um die Serviette perfekt in Szene zu setzen, erfolgt durch die sogenannte Rolltechnik. Dabei wird die Serviette mit der Naht nach oben auf dem Tisch ausgebreitet und im Anschluss zur Hälfte gefaltet. Achte unbedingt darauf, dass die beiden Hälften leicht versetzt zueinander sind, damit beim Einrollen keine Doppelkante entsteht.

Danach kannst du die eingerollte Serviette um 180 Grad drehen, sodass der Saum zu dir zeigt, und den Serviettenring auf die Serviette ziehen. Kleiner Tipp: Ein kleiner Zweig aus der Floristik eignet sich hervorragend als zusätzliches Highlight.

VON FRANZISKA DIEGELER

Anleitung für Handlettering-Namensschilder

Beispiele

Tim Sabine Martina
Frank Ben Kay
Katrin Giulia Jette
Sophie Clara Lotte Lale
Daniel Pascal Wolfgang
Hochzeit

Das Absenden der Einladungskarten ist für viele Brautpaare ein wichtiger und besonderer Moment. Schließlich gewährt ihr euren Gästen einen kleinen, detaillierten Einblick in euer Hochzeitskonzept.

Ihr könnt natürlich eure gesamte Papeterie-Linie von einem Anbieter bestellen oder euch an eine Grafikdesignerin wenden. Wie ihr trotzdem Kosten sparen könnt und eurer Papeterie einen persönlichen Wert verleiht, zeige ich euch in diesem Do-it-Yourself-Projekt. Mit dem sogenannten Handlettering wird eure Handschrift zu einer ganz individuellen Note. Das Schnörkeln der einzelnen Schriftzüge ist für Detailliebhaber ein wahrer Hingucker. Somit garantiere ich euch, dass sich jeder eurer Gäste über handgeschriebene Namens- und Tischkärtchen freuen wird. Um ein ordentliches Ergebnis zu erzielen, würde ich empfehlen, mit Brushpens und Kalligraphie-Stiften zu arbeiten. Diese könnt ihr in vielen Onlineshops oder beim frechverlag bestellen und anschließend mit unterschiedlichen Druckintensitäten auf der von mir für euch erstellten Vorlage üben. Viel Spaß dabei!

Aa
Bb
Cc
Dd
Ee
Ff
Gg
Hh
Ii
Jj
Kk
Ll
Mm

Beim frechverlag findet ihr auch viele schöne Bücher, mit denen ihr Handlettering ganz einfach lernen und üben könnt.

Kreative Ideen für eure Gastgeschenke

Ob als kleines Dankeschön, als Glücksbringer oder als Erinnerung an euren großen Tag – Gastgeschenke gehören für viele Brautpaare einfach mit dazu. Dabei muss ein Gastgeschenk nicht unbedingt teuer sein, sondern in erster Linie zu euch und eurer Hochzeit passen und von Herzen kommen. Eure Gäste werden diese nette Geste sicherlich zu schätzen wissen!

HÜBSCH VERPACKT

Als Verpackung können kleine Pappschachteln, Tüten oder Einmachgläser dienen und nach Belieben an euer Motto oder Farbschema angepasst werden. Mit einem schönen Anhänger versehen, beispielsweise mit euren Namen und eurem Hochzeitsdatum, mit einer persönlichen Botschaft oder auch als Platzkarte mit dem Namen des Gastes, werden die Geschenke zum absoluten Hingucker. Besonders schön sieht es aus, wenn ihr die Anhänger passend zu euren Einladungskarten und ggf. auch zu euren Tischnummern und Menükarten gestaltet. Dann müssen diese nur noch ausgedruckt, zugeschnitten oder mit einem Motivstanzer ausgestanzt, mit einem Loch versehen und mit einem Band oder einer Kordel am Gastgeschenk angebracht werden – fertig! Alternativ könnt ihr die Anhänger natürlich auch als Etikett gestalten und aufkleben. Pappschachteln oder auch Stoffsäckchen lassen sich übrigens im Handumdrehen mit einem Stempelset und Stempelfarbe eurer Wahl ganz individuell bestempeln – und auch Siegelstempel, die sich mit Siegellack aus der Heißklebepistole aufbringen lassen, sind momentan sehr gefragt.

GEKONNT IN SZENE GESETZT

Die Gastgeschenke werden üblicherweise auf dem Teller, der Serviette oder neben dem Glas des jeweiligen Gastes platziert. Sofern sie jedoch nicht gleichzeitig auch als Tischkarte dienen, können sich auch woanders dekorativ aufgereiht werden. Wie wäre es beispielsweise auf einem Tisch im Eingangsbereich? So können sich eure Gäste, vor allem bei verschiedenen Geschenken, ihren Favoriten selbst aussuchen. Falls eure Gäste nach der Hochzeit in einem nahe gelegenen Hotel übernachten sollten, könnt ihr die Geschenke natürlich auch dort als kleinen Willkommensgruß hinterlegen. Das steigert die Vorfreude auf euren großen Tag umso mehr!

GESCHENKE AUS DER KÜCHE

- Essig und Öl, aromatisiert
- Salz-, Gewürz- oder Zuckermischungen
- Saucen oder Senf
- Backmischungen (z. B. Brot oder Kuchen)
- Kuchen im Glas
- Trinkschokolade (am Stiel oder als aromatisiertes Pulver, z. B. mit Marshmallows)
- Pralinen oder sonstige Schokolade
- Gebäck wie Kekse, Macarons, Glückskekse oder Cake Pops
- Gebrannte Mandeln oder sonstige Nussmischungen
- Tee- oder Kaffeemischung
- Sirup oder Likör
- Marmelade, Curd oder sonstiger Brotaufstrich
- Chutney, Pesto oder Relish

BEAUTY UND WELLNESS

- Badezusatz
- Seife
- Peeling
- Duftkerzen
- Potpourri
- Lippenbalsam

SAISONALE GESCHENKE

- Decken
- Regenschirme
- Fächer
- Sonnenbrillen
- Blumensamen (»Lasst Liebe wachsen«)
- Topfblumen (z. B. Kakteen oder Sukkulenten)

FERTIGPRODUKTE

- Pfefferminzbonbons, Gummibärchen oder Schokolinsen (z. B. in euren Hochzeitsfarben)
- Schokoladentäfelchen (z. B. mit dekorativer Banderole)
- Süßigkeiten in Herzform (»Love is Sweet«)
- Sekt, Prosecco oder Champagner in kleinen Piccolo-Flaschen
- Streichhölzer mit dekorativer Banderole (»The Perfect Match«)
- Buttons (z. B. »Team Braut« oder »Team Bräutigam«)
- Wunderkerzen für den Eröffnungstanz (»Lasst Funken sprühen«)
- Mini-Knobelspiele
- Malsachen oder Seifenblasen für Kinder

Tipps & Tricks

Auf jeder Hochzeit kann auch mal etwas schieflaufen. In diesem Kapitel geben wir euch daher noch ein paar hilfreiche Tipps, wie ihr und auch eure Gäste euch möglichst gut vorbereiten könnt, um sorglos euren ganz besonderen Tag zu genießen. Eine Idee, die immer wieder gut ankommt, ist das Vorbereiten von »Notfallkörbchen«für eure Hochzeitsgäste, die in den Gästetoiletten aufgestellt werden. Dank unserer Checkliste könnt ihr diese schnell zusammenstellen.

Der Notfallkorb

Das Notfallkörbchen für eure Hochzeitsgäste ist ein Körbchen, das auf den Toiletten in der Nähe der Spiegel aufgestellt wird. Es steht für das Wohlbefinden der Gäste bereit.

Laufmaschen in der Strumpfhose, Mückenstiche, zerzauste Frisuren oder Blasen an den Füßen? Auf Hochzeiten hat man unter Umständen mit diversen Problemen zu kämpfen. Mit den sogenannten Notfallkörbchen könnt ihr diesen Problemen schnell Abhilfe verschaffen, damit eure Gäste diesen besonderen Tag auch in vollen Zügen genießen können. Sie werden eure fürsorgliche Geste sicherlich zu schätzen wissen!

Alles, was ihr dafür braucht, ist ein Körbchen oder eine Box in der entsprechenden Größe, die jeweiligen Utensilien für Männer oder Frauen (siehe Checkliste) und, wer mag, noch einen passenden Spruch. Diesen könnt ihr entweder auf Karton ausdrucken, knicken und daneben stellen oder ihr steckt ihn in einen dekorativen Rahmen. Da die Notfallkörbchen meist neben dem Waschbecken auf den Damen- und Herren-Toiletten platziert werden, haben Bilderrahmen zudem den Vorteil, dass sie den Ausdruck vor Wasserspritzern schützen.

Die folgende Checkliste findet ihr auch auf der Website.

Checkliste fürs Notfallkörbchen

SPEZIELL FÜR FRAUEN	SPEZIELL FÜR MÄNNER	FÜR BEIDE	FÜR WARME TAGE
FRAUENDEO	MÄNNERDEO	DEODORANT	SONNENCREME
HYGIENEARTIKEL	KAMM	BRILLENPUTZTÜCHER	ANTIMÜCKENSPRAY
ERSATZSTRUMPFHOSE/N	HAARGEL	FUSSELROLLE	ERFRISCHUNGSTÜCHER ODER -SPRAY
HAARBÜRSTE	SCHUHGLANZSCHWAMM	FLECKENSTIFT	
HAARGUMMIS		HANDDESINFEKTIONSGEL	
HAARNADELN		BLASENPFLASTER/ NORMALE PFLASTER	
HAARSPRAY		KAUGUMMIS	
NAGELFEILE		HANDCREME	
NÄHZEUG BZW. SICHERHEITS-NADELN		TASCHENTÜCHER	
DURCHSICHTIGER NAGELLACK		ZAHNSEIDE ODER ZAHNSTOCHER	

Der kleine Hochzeitsknigge

Ihr seid bald auf einer Hochzeit eingeladen und bereits auf der Suche nach dem perfekten Outfit? Damit ihr an diesem Festtag nicht nur richtig angezogen seid, sondern auch andere Fettnäpfchen gekonnt umgehen könnt, verraten wir euch in diesem kleinen Hochzeitsknigge die 10 wichtigsten Benimmregeln für Gäste.
Knigge steht für den »Guten Umgang mit anderen Menschen«.

1. Dresscode

Wird auf der Einladungskarte auf ein bestimmtes Motto oder einen Dresscode – von »Casual Chic« bis »Black Tie« – hingewiesen, gehört es zum guten Ton, sich als Gast auch entsprechend zu kleiden. Grundsätzlich gilt jedoch: Braut und Bräutigam sollten an ihrer Hochzeit im Mittelpunkt stehen dürfen und daher nicht von ihren Gästen »übertrumpft« werden. Weiße oder cremefarbene Kleider sind der Braut vorbehalten und müssen daher im Schrank bleiben. Weibliche Gäste sollten zudem auf aufreizende Kleidungsstücke wie kurze Röcke oder tiefe Ausschnitte verzichten und auch beim Make-up ist weniger mehr. Bei Männern gilt prinzipiell Anzugpflicht. Achtung: Solange der Bräutigam sein Jackett anbehält, gilt dies auch für die männlichen Gäste, selbst bei sommerlichen Temperaturen!

2. Zusage

Auch wenn die Frist für die Zu- oder Absage in der Einladungskarte noch eine gefühlte Ewigkeit entfernt liegt, ist es angebracht, dem Brautpaar sobald wie möglich Bescheid zu geben, ob und mit wie vielen Personen ihr kommt (Überraschungsgäste sind unerwünscht!). Denn für Braut und Bräutigam bildet die Gästeanzahl die Organisationsgrundlage ihrer Hochzeit. Oftmals liegen den Einladungskarten sogar schon Antwortkarten bei, die ihr lediglich ausfüllen und zurückschicken müsst. Alternativ tut es natürlich auch eine schriftliche Zusage per E-Mail.

Ach ja, solltet ihr aus gesundheitlichen oder religiösen Gründen Sonderwünsche an das Essen haben, wäre die Zusage der richtige Zeitpunkt, um dies mitzuteilen. Ansonsten gilt: Im Falle eines Menüs den Teller trotzdem annehmen und nur Teile des Gerichts essen.

3. Diskussionsfreie Zone

Kaum eine Feier birgt so viel Diskussionspotential wie eine Hochzeit. So entscheiden sich manche Brautpaare beispielsweise ganz bewusst dafür, unter der Woche oder auch ohne Kinder zu feiern. Das mag dem einen oder anderen Gast zwar missfallen, Diskussionen oder Streitereien sind hier trotzdem fehl am Platz. Denn dieser Tag gehört einzig und allein dem Brautpaar und letztendlich bleibt es jedem Gast selbst überlassen, ob er dennoch mitfeiern oder doch lieber absagen möchte. Gäste sollten sich zudem bewusst machen, dass ihr persönlicher Geschmack an diesem Tag keine Rolle spielt und sich unangebrachte Kommentare über angeblich langweilige Reden, geschmackloses Essen oder schlecht sitzende Outfits verkneifen. Denn das ist nicht nur respektlos dem Brautpaar gegenüber, sondern verdirbt möglicherweise auch anderen Gästen die Laune.

zur Hochzeit jedoch eher ungeeignet. Denn an Blumendeko mangelt es hier nur selten. Hinzu kommt, dass viele Frischvermählte direkt nach der Hochzeit in die wohlverdienten Flitterwochen verreisen und somit keine Zeit mehr haben, um den Anblick des Blumenstraußes zu genießen. Es wäre also wirklich schade um die schönen Blumen!

6. Handyalarm

Auch wenn die Kameras mancher Smartphones heutzutage fast schon mit Profikameras mithalten können, bedeutet das nicht, dass sie auf Hochzeiten ständig zum Einsatz kommen müssen. Vor allem während der Trauung wird sich das Brautpaar darüber freuen, wenn ihr das Handy ausmacht, um diesen Moment zu genießen. Überlasst das Fotografieren den Profis, denn die gezückten Handys machen sich weder auf Fotos gut, noch werden sie der feierlichen Atmosphäre einer Hochzeit gerecht. So bekommt ihr viel mehr mit und die Fotos dürft ihr nach der Hochzeit bestimmt noch früh genug sehen. Anders verhält es sich bei der anschließenden Feier, vor allem dann, wenn der Fotograf nicht mehr anwesend ist. Viele Brautpaare freuen sich dann bestimmt über den einen oder anderen Schnappschuss, und manche haben sogar einen eigenen Hashtag für ihre Hochzeit, mit dem ihr Bilder auf Instagram & Co. posten könnt. Dann ist Fotografieren ausdrücklich erwünscht!

7. Spiele

Du willst einen Beitrag zur Hochzeit leisten? Dann stimme dich am besten frühzeitig mit den Trauzeugen oder dem Zeremonienmeister über mögliche Spiele oder andere Ideen ab. Sie kümmern sich dann gerne um die Koordination und den zeitlichen Ablaufplan. Denn spontane oder unangekündigte Programmpunkte bringen nicht nur die monatelang sorgfältig aufeinander abgestimmte Planung durcheinander, sondern vermiesen schlimmstenfalls auch die Stimmung. Übrigens: Sollte sich das Brautpaar in der Einladung ausdrücklich gegen Spiele oder sonstige Beiträge ausgesprochen haben, muss das akzeptiert werden. Und nein, es gibt keine Ausnahmen.

8. Eröffnungstanz

Du kannst es kaum erwarten, bis die Party richtig losgeht und würdest am liebsten direkt auf die Tanzfläche stürmen? Da ist dann aber zuerst einmal Zurückhaltung angesagt, denn der erste Tanz gehört für gewöhnlich dem Brautpaar. Erst wenn die Braut im Anschluss mit ihrem Vater bzw. ihrem Schwiegervater und der Bräutigam mit seiner Mutter bzw. seiner Schwiegermutter getanzt hat, ist die Tanzfläche für alle Hochzeitsgäste geöffnet.

9. Alkohol

Auch wenn es angesichts der kostenlosen alkoholischen Getränke für den einen oder anderen Gast verlockend erscheinen mag: Auf Hochzeiten gehört es sich nicht, einen über den Durst zu trinken. Und ja, das gilt auch zu späterer Stunde für Longdrinks und die Whiskybar. Denn es gibt nichts Peinlicheres als einen betrunkenen Gast, der schwankt, lautstark durch den Saal grölt und schlimmstenfalls sogar das Brautpaar oder die anderen Gäste anpöbelt.

10. Heiratsantrag

Auch wenn uns so mancher Hollywood-Film vorgaukeln möchte, dass Heiratsanträge auf anderen Hochzeiten romantisch sind, das Brautpaar selbst sieht das höchstwahrscheinlich anders. Schließlich ist es ihr großer Tag und nicht eurer. Solltest ihr trotzdem in Erwägung ziehen, dem Partner oder der Partnerin vor allen Gästen einen Antrag zu machen, sprecht euch vorher unbedingt (!) mit dem Brautpaar ab.

VERSICHERUNGEN

Zum Schluss kommt unsere letzte Empfehlung für euch. Es kann immer etwas dazwischenkommen und ihr müsst von euren geschlossenen Verträgen zurücktreten. Dafür gibt es eine eigene Versicherung. Wir haben euch die wichtigsten Details zusammengefasst.

Der Privatfeier- Stornoschutz
Was tun, wenn unsere Hochzeit abgesagt werden muss?

Plötzliche Krankheit, Unfälle oder Schicksalsschläge können das schönste Fest platzen lassen.

Besondere Anlässe möchten auch ganz besonders gefeiert werden. Daher fließt viel Zeit und Energie in die Organisation, damit der Hochzeitstag für alle Angehörigen zu einer unvergesslichen Erinnerung wird. Desto schlimmer ist es jedoch, wenn plötzlich der Lebenspartner, die Eltern, die Großeltern oder gar der Trauzeuge oder Pate unerwartet schwer erkrankt und deshalb die Feier abgesagt oder verschoben werden muss. Zudem kommen dann auch noch die Arrangement-Kosten dazu, unter anderem für Saalmiete, Übernachtungskosten für Gäste, Catering, Fotograf, Dekoration oder Unterhaltungskünstler.

Entlastet eure Gedanken mit dem Privatfeier-Stornoschutz und sichert euch gegen zahlreiche Stornokosten bezüglich eurer Hochzeit ab.

Weitere versicherte Gründe: Tod, Unfallverletzung, Schwangerschaft (sofern die Feier infolgedessen nicht möglich oder zumutbar ist), Verlust des Arbeitsplatzes (aufgrund einer unerwarteten betriebsbedingten Kündigung des Arbeitsplatzes durch den Arbeitgeber) oder Schaden am Eigentum.

Privatfeier-Stornoschutz

ARRANGEMENTPREIS BIS	
15.000,-	297,-
20.000,-	377,-
25.000,-	485,-
30.000,-	Auf Anfrage
*35.000,-	Auf Anfrage

ART DER FEIER: Gültig für alle privat organisierten Feiern anlässlich eines bestimmten Ereignisses, welches die versicherte(n) Person(en) betrifft.

GELTUNGSBEREICH: Europaweit (inkl. Russische Föderation, Mittelmeer-Anrainerstaaten und Kanarische Inseln)

VERSICHERUNGS-BEITRAG: Gültig für jeweils ein gebuchtes Arrangement (= Kosten für den Veranstaltungsort und die Dienstleister, die für das Arrangement gebucht werden)

ABSCHLUSSHINWEISE: Der Privatfeier-Stornoschutz sollte bei der Buchung des Arrangements abgeschlossen werden.

Daher sollten ggf. die zusätzlichen Kosten für weitere Dienstleister, die nach der Buchung beauftragt werden, mit eingeplant werden. Ein späterer Abschluss des Privatfeier-Stornoschutzes ist bis 30 Tage vor der Veranstaltung möglich. Wenn zwischen der Buchung des Arrangements und dem Beginn der Veranstaltung 29 Tage oder weniger liegen, gilt: Ihr müsst die Versicherung sofort, spätestens innerhalb der nächsten drei Tage, abschließen. Versichert werden können privat veranlasste Feiern, die zu einem Ereignis ausgerichtet werden. Feiern wie z. B. Firmen- oder Vereinsfeiern, die keinen privaten Anlass haben, können nicht versichert werden. Ebenfalls nicht versicherbar sind Reisen, die anlässlich eines privaten Ereignisses gebucht werden.

Wir wünschen euch viel Erfolg und eine tolle Hochzeit. Alles Glück dieser Welt.

Wir wünschen Euch, dass ihr immer auf der Sonnenseite des Lebens steht!

CHECKLISTE ZUR HOCHZEIT

1. Welche Art von Trauung soll es werden? Kirchliche Trauung, nur standesamtlich oder eine freie Trauzeremonie?

2. Soll die Hochzeit noch im laufenden Jahr stattfinden – was zugegebenermaßen sportlich ist – oder erst im kommenden Jahr?

TIPP

vom Hochzeitsplaner: Bloß nichts übers Knie brechen, denn die Termine bei den besten Locations und Dienstleister sind wahrscheinlich schon weg!

3. Soll es eine Sommerhochzeit oder Winterhochzeit werden?

TIPP

vom Profi: Verwerft den letzten Gedanken nicht gleich! Im Winter habt ihr definitiv nicht das Problem, dass die Hälfte der Gäste auf der Terrasse steht und die Tanzfläche leer ist!

4. Wie viele Gäste möchtet ihr einladen? Nur liebe Menschen, mit denen ihr sicher auch noch in 20 Jahren gern zusammensitzt oder alle, die man einladen »muss«?

TIPP

von uns: Es ist EURE Hochzeit. Alles kann – nichts muss!

5. Wird es eine Hochzeit, auf der sich auch Kinder wohlfühlen können/ sollen? Oder ist es einfach einmal »Erwachsenenzeit«?

TIPP

vom Wedding Planner: NEIN, es ist nicht unhöflich, in der Einladungskarte nett darauf hinzuweisen. Schließlich möchtet ihr ja nicht, dass alle Gäste um 23 Uhr nach Hause gehen, weil die lieben Kleinen quengelig werden!

6. Soll die Hochzeit unbedingt an einem Samstag stattfinden?

TIPP

Expertentipp: An einem Freitag ist es viel einfacher, noch eure Traumlocation zu buchen und wenn ihr euren Gäste wichtig seid, nehmen sie sich auch die Zeit und den Tag ggf. frei!

7. Wie wäre es sogar, an einem Sonntag zu heiraten? Da steht ihr außer Konkurrenz zu allen Brautpaaren und könnt sicher mit den Dienstleistern gute Rabatte verhandeln!

8. Budget festlegen. »Mal sehen, was es kostet« zählt nicht!

9. Wenn ihr bis Punkt 7 gekommen seid, Punkt 8 noch einmal prüfen: Pro Gast eurer Hochzeit müsst ihr wenigstens 100 Euro für die Bewirtung einrechnen. Lohnt es sich vielleicht doch, auf den einen oder anderen zu verzichten?

TIPP

»Klein, aber fein« hat auch seinen Reiz!

10. Art der Location eingrenzen: Scheune, Restaurant, Blumenwiese, Strand ...

TIPP

Nach anderen Varianten haltet ihr erst einmal gar nicht Ausschau, sonst seid ihr völlig verwirrt!

11. Punkt 4 und 8 koppeln: In einem Restaurant gebt ihr mittlerweile pro Hochzeitsgast gut 100 € aus. In einer coolen Eventlocation schnell auch mal 200 €. Was ist euch die Feier wert?

TIPP

Klassische Hochzeitslocations sind meist deutlich teurer als eine Location, die nur per Zufallstreffer mal eine Hochzeit macht. Diese ist vielleicht nicht ganz so professionell, aber ganz sicher sehr zuvorkommend!

12. Stil der Hochzeit / Hochzeitsthema festlegen. Eine rustikale Sonnenblumenhochzeit passt nicht zu einem Schloss. Holt euch auf den bekannten Hochzeitsblogs oder in unseren Styled Shoots tolle Ideen, die ihr dann umsetzen möchtet.

13. Internetrecherche, Internetrecherche, Internetrecherche!

14. Nie einfach zur Locationbesichtigung losfahren! Wir haben Paare getroffen, die – bevor sie sich für uns als *Wedding Planner* entschieden haben – bereits 50 Locations besichtigt hatten und völlig verwirrt waren.

15. Genau definieren, was euch wirklich wichtig ist an eurer Hochzeitslocation. MUSS sie einen Garten haben oder kann der Sektempfang nicht auch vor der Kirche stattfinden?

TIPP

Ist das Schloss so wichtig oder kann es auch eine Hochzeitslocation mit Schlossambiente sein?

16. Gibt es gehbehinderte Gäste?

17. Wie in Punkt 5 beschrieben: Braucht ihr einen extra Raum für die Kids, um beispielsweise Matratzen auszulegen?

18. Wenn ihr eine freie Trauung haben möchtet, ist eine Hochzeitslocation mit einem schönen Außenbereich unabdingbar. Vor allem braucht ihr eine Location, die Erfahrung bezüglich einer freien Trauung mitbringt.

19. Nochmal zum Thema freie Trauung: Entscheidet ihr euch für eine freie Trauzeremonie, MUSS die Hochzeitslocation einen »eingebauten Regenplan« haben, soll heißen, eine überdachte Terrasse oder Ähnliches!

TIPP

Niemals den Saal, in dem später gefeiert wird, als Backup nutzen. Es ist wirklich nicht schön, zwischen eingedeckten Tischen getraut zu werden!

20. Location-Besichtigungstour planen. (Aber Achtung: Immer vorher anrufen und einen Termin vereinbaren! Location-Besitzer mögen es gar nicht gern, wenn man »gerade in der Nähe war«.)

21. Immer genau erfragen, welche Zusatzkosten anfallen können, wie z. B. der Serviceaufschlag nach Mitternacht, und welche Leistungen in den verlockenden Pauschalen genau enthalten sind!

TIPP

Unser Rat: Hochzeitslocations sind geschickt darin, Preise zu vernebeln! Plötzlich zahlt ihr ein Tellergeld von 5 € pro Gast, nur weil ihr die Torte nicht beim Anbieter der Hochzeitslocation bestellt.

HOCHZEITS-
LOCATION

Hochzeitslocation